Jaime Peñafiel

¡Dios salve a la Reina!

Pequeña historia
de una gran profesional

Colección España Hoy / 22

Jaime Peñafiel

¡Dios salve a la Reina!

EDICIONES TEMAS DE HOY

Las fotografías que aparecen en este libro han sido proporcionadas por el autor.

Colección: ESPAÑA HOY

Paseo de la Castellana, 93. 28046 Madrid
Diseño de cubierta: Nacho Soriano
Fotografía de cubierta: EFE
Primera edición: diciembre de 1993
ISBN: 84-7880-342-4
Depósito legal: M. 33.121-1993
Compuesto en Fernández Ciudad, S. L.
Impreso en Talleres Gráficos Peñalara, S. A.
Printed in Spain - Impreso en España

INDICE

PROLOGO

Dije en cierta ocasión, y lo repito en uno de los capítulos de este libro, que las debilidades humanas de los reyes pueden apartarnos de ellos, aunque no siempre tiene que ser así, en la medida en que nos aproximan al hombre y a la mujer, que tanto monta, monta tanto. Y me reafirmo en ello después de haber contemplado, como millones de españoles, aquellas lágrimas que doña Sofía se permitió derramar en los funerales de don Juan. El Rey, su esposo, también lo hizo.

Nunca jamás he visto un pueblo más conmovido, entregado y solidario con una reina como en aquellos momentos en los que ella lloraba ¡por tantas cosas!

Esta pequeña biografía de esa «gran profesional» (en palabras del Rey) no pretende ser institucional, oficial u oficiosa. Ni siquiera contar con la aprobación y el aplauso de la Casa Real, como ya me advirtió la directora de Relaciones Exteriores de La Zarzuela, Asunción Valdés, cuando le solicité unas fotografías para la portada: «El que te facilitemos la fotografía no quiere decir que aprobemos el libro.»

Para su redacción no he querido solicitar la colaboración de propios y extraños, próximos o lejanos al círculo real, para no implicarles en su contenido. Este es tan sólo fruto de mi personal y directa experiencia, conservada en mis recuerdos y en mis archivos, cuando no de la reflexión sobre lo que otras voces y plumas más autorizadas han dicho y escrito sobre Su Majestad la reina doña Sofía.

De todas formas, yo valgo mucho más por lo que callo que por lo que cuento.

Con este libro sólo he pretendido iluminar las sombras de su vida privada, que también la tiene, y muy rica, pues la oficial ya lo está desde el mismo día en que nació. Y lo he hecho con profundo respeto. El respeto que su figura me merece, no sólo a mí, sino a todos los españoles que no conocen de ella más que una faceta, la de reina, y no las de mujer y madre, en las que doña Sofía da toda la dimensión humana que la hace tan grande aun en el tiempo y la distancia que la separan de nosotros.

Con estas páginas desearía que el lector conociera la dignidad que rodea todos sus actos, dignidad que ha ido acrecentándose con el paso de los años, posiblemente porque, como dice Séneca: «La dignidad crece más fácilmente que comienza.» Y también los sacrificios de su vida, ya que el sacrificio de sí misma es una de las condiciones de su virtud.

Yo, ni quito ni pongo, sólo digo la verdad.

Majestad, ¡que Dios guarde vuestra vida muchos años!

Capítulo I

ESPAÑA NO ES DINAMARCA

España es, hoy día, una monarquía. No porque los españoles lo hayan votado así, sino porque esta forma de Estado fue establecida por la Constitución, sobre la que todos los ciudadanos en edad de ejercer sus derechos cívicos hubieron de pronunciarse el día 6 de diciembre de 1978. Posiblemente, los redactores de la Carta Magna llegaron a la conclusión de que era mejor así. Cuarenta años de una dictadura que, por un lado, reconocía que España era un reino y, por otro, orquestaba grandes campañas de desprestigio de la monarquía, no habían convertido el país en un campo especialmente abonado para que se aceptara, mediante un democrático referéndum, la institución que el rey Juan Carlos encarnaba.

Por ello, los «padres de la patria» que redactaron la Constitución decidieron consensuar la forma de Estado sin previa consulta popular.

El pueblo español estaba sediento de libertad y ésta sólo podía alcanzarse mediante una Constitución que, aunque llena de lagunas y contradicciones, era democrática. La monarquía suponía un tributo que había que pagar, sobre todo por parte de los no monárquicos —casi todo el pueblo español—, porque monárquicos, lo que se dice partidarios viscerales de la institución, no eran sino un centenar o poco más. Incluso hoy, dieciocho años después, no son muchos más. Pero por aquel entonces España era un pueblo mayoritariamente hastiado de cuarenta años de dictadura; un pueblo de franquistas conscientes de la imposibilidad de un franquismo sin Franco; un pueblo deseoso de una transición sin traumas. Y unos cuantos cientos de miles de izquierdistas, en su mayoría comunistas y socialistas, que también los había, aunque menos, al igual que un grupúsculo de viejos y nostálgicos republicanos.

La aprobación de la Constitución, por abrumadora mayoría, llevó consigo implícita la aceptación de la monarquía como forma de Estado y, por tanto, de la figura que la encarnaba.

Al igual que había hecho el 22 de noviembre de 1975, cuando fue proclamado heredero de Franco a título de Rey, ahora, que lo era constitucionalmente, don Juan Carlos siguió en su afán de ganarse a los españoles con gestos y actuaciones, dentro y fuera del país, que iban fortaleciendo su imagen y despertando simpatía hacia su persona. Que ya lo dijo el General a su primo Franco Salgado-Araujo en diciembre de 1966: «Poco a poco todo el país sentirá afecto hacia los príncipes don Juan Carlos y doña Sofía, cuyas conductas son irreprochable modelo en todo.»

Pero, ¿con ello se fortalecía igualmente la institución? Pienso que no. Por el contrario, España se convirtió —sobre todo a partir del 23-F— en un país de «juancarlistas», de millones de españoles que confesaban públicamente su afecto y admiración hacia la persona de Juan Carlos, ya fueran de derechas o de izquierdas, del PP o del PSOE; incluso comunistas, y hasta republicanos. Salvo los de Esquerra.

—¿Es usted monárquico?

—No. Yo soy juancarlista.

—Hace mal. Con ello fomenta el caudillaje. Lo que hay que hacer es respaldar la institución —me reprochó un día el ex secretario de la Casa del Rey y hoy ex general, Alfonso

Armada, implicado en el tristemente famoso golpe de Estado del 23-F.

Posiblemente Armada tenía razón. Lo relevante son las instituciones y no los hombres que las encarnan. Pero el ex colaborador de Juan Carlos se olvidaba que eso es así en países como Dinamarca, por ejemplo, que desde el siglo IX, ininterrumpidamente, constituye un reino y donde sus habitantes —el 80 por ciento de la población se declara ferviente partidario de la monarquía, sobre la que poseen una larga y profunda filosofía— saben que lo importante no son los reyes, con su carga personal de virtudes y defectos, sino la institución en sí misma y el balance que arroja de cara al bien común en la historia del país.

Por todo ello, cuando la entonces princesa heredera decidió casarse con un conde francés hijo de «madre desconocida» —ya que ésta seguía casada en primeras nupcias con un sacerdote secularizado que se negaba a concederle el divorcio para que pudiera contraer matrimonio con el padre de Henrik—, los daneses preguntados sobre el particular se limitaban a encogerse de hombros y responder: «Si hace feliz a Margarita, ¿qué más nos da?»

Dinamarca, a diferencia de España, es un pueblo que analiza racionalmente la situación y ante hechos consumados —como el matrimonio de la actual Reina—, muestra su apoyo a la Corona y se reserva prudentemente su opinión.

Aquí, en España, lo único que interesa verdaderamente es aquello que concierne a la persona del Rey o de la Reina, a sus vidas privadas e incluso a sus vidas más íntimas. Simple y sencillamente porque sólo existe un monárquico en estado puro, Luis María Ansón, y todos los demás son «juancarlistas», partidarios de un hombre que, prisionero de su propia imagen, cada día tiene que ganarse el «puesto», como reconoció su heredero, el príncipe Felipe, en el desgraciado y polémico documental de la descarada británica Selina Scott que tanto perjudicó a la imagen real, que es lo único que los españoles respetan.

Por aquellos días se publicaron decenas de artículos

criticando —respetuosamente, eso sí— el contenido del vídeo y la actuación del Rey en el mismo; un Rey que —como comenté en un artículo que se reproduce más adelante— parecía un frívolo *playboy,* tan sólo preocupado de sus motos —que, inexplicablemente, no sabía hacer funcionar—, de su helicóptero —con el que no sabía aterrizar— y de su yate, convertido en trampolín de la bella reportera que, siendo como es súbdita de su Graciosa Majestad, decidió olvidar hasta la obligada cortesía del tratamiento. Porque en todo momento utilizó el familiar *you,* que lo mismo sirve para un roto que para un descosido, y nunca el *His Majesty* o el tan socorrido *sir,* con el que puede quedarse muy bien.

Tan polémica fue la proyección del documental en TVE1, que una cadena privada como Antena 3 decidió dedicar, días después, el espacio dirigido por Jesús Hermida al tema de la imagen del Rey.

Al mismo fuimos invitados un grupo de periodistas y escritores especializados en la materia que, de una forma u otra, en prensa o en radio, nos habíamos manifestado críticamente sobre el mencionado reportaje televisivo. El resultado de aquel debate no pudo ser más frustrante y descorazonador. Bastó que se filtrara la noticia de que el Rey estaba viendo la retransmisión del programa, que era en directo, para que los invitados, salvo un par de excepciones, olvidaran lo que habían escrito o dicho días antes; inmediatamente se transformaron en un vergonzoso grupo de cortesanos que, como tales, sólo afirmaban aquello que al Rey le gusta oír y no lo que, sin gustarle, tiene que oír.

Y es que para un cortesano nada de lo que el Rey hace puede estar mal. Aquellos no eran periodistas sino esclavos. Y no hay nadie más esclavo que un cortesano asiduo a La Zarzuela sino un cortesano más asiduo todavía.

Momentos antes de la emisión, Manuel Campo Vidal, entonces director general de la cadena presidida por Antonio Asensio, se reunió a solas con los invitados al debate para «advertirnos» que, dado lo delicado del tema a tratar, debíamos ser moderadamente respetuosos; algo así como una invitación a la autocensura. Sorprendentemente, lo consiguió [1].

A lo largo de las dos horas que duró el programa no se abordó en ningún momento y en profundidad el tema de la imagen del Rey, deteriorada aquellos días a causa del vídeo en cuestión, como si de una virtual conspiración de silencio acerca del comportamiento personal de don Juan Carlos se tratara. Sólo se dijeron simplezas y generalidades; incluso en alguna ocasión se «sacó el botafumeiro» para inciensar a la figura del Rey.

Tal fue la frustración que me produjo la actuación de todos los contertulios —aduladores e interiormente falsos periodistas— y la mía propia, que decidí, para sacarme la espina y sobornar mi conciencia, escribir el siguiente artículo que apareció publicado en *El Mundo* tres días después de la emisión. Su título: «¡Maldito vídeo!»

> «El pasado miércoles 22 asistí como invitado al programa de Antena 3 *La noche de Hermida* junto a otras doce personas, en su mayoría periodistas.
>
> »El tema a debate era "La imagen del Rey". Nunca, como después de la emisión del espacio, me sentí más incómodo y frustrado. Tanto por lo que se había dicho como por lo que se había dejado de decir. Pensaba, dada la personalidad y trayectoria de los participantes, que aquello iba a ir por otros derroteros. Y sobre todo, que todos nos íbamos a manifestar con total sinceridad. No fue así. Y lo peor es que muchos de los contertulios se pronunciaron totalmente en contra de lo que habían escrito sobre el polémico vídeo de la cortesana Selina Scott. Antes y después de verlo.
>
> »¿Tanto acojonan las cámaras de televisión incluso a profesionales de la información? ¿Tanto miedo se tuvo, hubo honrosas excepciones, a pronunciarse

[1] Meses más tarde, el 10 de septiembre de ese mismo año de 1993, sería destituido Manuel Campo Vidal como director general de Antena 3 Televisión.

con una crítica constructiva que hubiese prestado un gran servicio a la Corona y, sobre todo, a la figura del Rey muy en particular?

»Mucho me temo que los telespectadores tuvieron que quedarse más que confundidos. Porque allí estábamos un importante grupo de comentaristas que nos habíamos pronunciado con apasionadas descalificaciones tanto para el Rey como para la autora del desafortunado vídeo real. Y cuando se tiene la oportunidad de dar la cara, físicamente hablando, ante la opinión pública y, lo que es más importante, ante el propio Rey que estaba viendo la emisión desde La Zarzuela, allí se arruga todo Dios y se saca el botafumeiro para inciensar a Su Majestad.

»Pena me dio el admirado Fernando Fernán Gómez reconociendo la generosidad del Rey por haberle distinguido con su atención. En ese momento recordé a un conocido columnista, antiguo miembro del PC y muy radical en sus manifestaciones contra el Rey, que por haber comido un día junto al príncipe Felipe y haber sido recibido otro por Su Majestad en audiencia privada, se sintió monárquico de toda la vida aunque ese "toda la vida" sólo durara unos cuantos días.

»Otros invitados al programa se fueron por las ramas de los elogios a los discursos del Rey cuando allí de lo que se iba a hablar era de la imagen.

»Para colmo, se leyeron una serie de resultados de encuestas y sondeos que aportaban una mayor confusión y que eran difíciles de aceptar.

»Cierto es que la emisión del vídeo fue seguida por cinco millones de telespectadores, pero sólo en los primeros quince minutos, transcurridos los cuales 1.300.000 prefirieron no presenciar los quince minutos restantes y cambiaron de canal.

»Otra de las encuestas leídas por Jesús Hermida ofrecía el siempre discutible resultado de que a una inmensa mayoría de los telespectadores les había gustado el vídeo. Pienso que entre esos encuestadores no se encontraría ninguno de los tres millones de parados que esa noche pudieron contemplar a Su Majestad el Rey convertido en un señorito, en un *playboy,* tan sólo preocupado de sus motos, de sus yates, de su helicóptero y de sus cenas al aire libre. Y lo más grave de dicho vídeo es que no reflejaba en modo alguno la realidad de la vida de Su Majestad, a quien yo conozco desde hace treinta y cinco años y cuya trayectoria he seguido día a día. Porque hubiera sido bueno que aquella noche se dijera, y oportunidad no hubo porque trece somos muchos para un debate, que la jornada laboral del Rey comienza a las ocho de la mañana. Que a las nueve está ya recibiendo audiencias colectivas y aguantando aduladores discursos, solicitudes de ayuda, de mediación, posando para los fotógrafos e informándose previamente de a quién va a recibir después. A las cuatro de la tarde, vuelta a empezar, pero ahora con audiencias individuales entre las que figuran los ministros, sin olvidar la reunión semanal con el Presidente del Gobierno. Hay días que hasta las diez de la noche todavía hay audiencias en La Zarzuela.

»Por ello resulta difícil aceptar que el Rey se hubiera prestado a protagonizar una película que sólo recogía la parte más frívola de su vida y que, como todo hijo de vecino, puede disfrutar un mes al año, el de las vacaciones.

»Independientemente de su contenido frívolo, al Rey se le trata en todo momento como si fuera una estrella de cine. La tal Selina Scott utiliza el *you,* que lo mismo sirve para un roto que para un descosido, y en ningún momento el *His Majesty* o *Her Majesty* dependiendo de que se dirigiera al Rey o a la Reina, cuando en la Casa Real el protocolo se procura mantener para todos los miembros de la familia y de éstos a Sus Majestades.

»En mis dos intervenciones en el programa del querido y admirado Jesús Hermida manifesté que las debilidades de Su Majestad, y este vídeo fue una censurable debilidad, me aproximan al hombre en la misma medida que me alejan del Rey, que no puede verse involucrado en asuntos polémicos ya que es el primero de los españoles y no uno más.

»La monarquía no es un hacer sino un estar, y "no son los pueblos, son los reyes, quienes han de guardar sus formas y guardar el equilibrio entre la majestad y la llaneza", como escribió Pilar Urbano, que fue una honrosa excepción en el programa.

»También manifesté que yo me alejo de la figura del Rey en la misma medida en que me aproximo a la de la Reina, quien, en mi admiración, gana en la misma proporción que el Rey pierde. Porque si de imagen queríamos hablar, doña Sofía es un ejemplo. Un real ejemplo, diría yo.

»¡Maldito vídeo!»

Capítulo II

SOFIA, ESA GRAN DESCONOCIDA

«—Señor... ¿cómo definiríais a la Reina en pocas palabras?

»Toma algún tiempo para responderme en un tono curiosamente solemne.

»—La Reina es una gran profesional.

»Y añade:

»—Una gran, gran profesional.»

Esta referencia, a la vista está que no excesiva y cariñosa, y alguna más (en total 46 líneas de las más de 8.500 repartidas en 263 páginas) es todo lo que don Juan Carlos dedica a su esposa, la reina doña Sofía, en el magnífico y polémico libro *El Rey. Conversaciones con don Juan Carlos I de España* [1] de José Luis de Vilallonga.

¡Qué gran oportunidad perdida de haber podido conocer a la Reina a través de quien lleva conviviendo con ella más de treinta años! Ante esta escueta y ceñida, cuando no ahorrativa descripción —existen otros sinónimos de esta palabra—, que el Rey hace de la Reina —sólo habla de ella generalidades salpicadas con débiles elogios—, uno no puede sino recordar una anécdota que, aunque distante en

[1] Plaza y Janés Editores, Barcelona, 1993.

el tema, sí me sorprendió en la misma medida en que lo ha hecho esta cuestión.

El protagonista de esta anécdota no es otro que Luis Miguel Dominguín, uno de los personajes elegidos por el periodista-presentador Ricardo Fernández Deus para el *revival* televisivo *Esta es su vida* que, como todo el mundo sabe, reconstruye la vida de un famoso a través de las personas con las que convive y le conocen: sus familiares y amigos.

Pues bien, cuando el ex torero fue contactado por el director del programa, aceptó complacido pero puso una única condición: «No quiero que aparezca y se hable de Lucía Bosé.»

Se da la circunstancia de que Lucía Bosé no sólo ha sido la esposa del torero a lo largo de más de veinticinco años —ella se sigue considerando como tal a pesar del divorcio y la posterior boda de Dominguín con Rosario Primo de Rivera—, sino también la madre de sus tres hijos, un chico y dos chicas. Huelga decir que la referencia a ella era de «obligado cumplimiento».

Ante este absurdo condicionamiento, el programa no se llegó a realizar ya que, sin referencias a la italiana, «ésta no hubiera sido su vida».

Cuando digo que con motivo de la obra *El Rey* se ha perdido una gran oportunidad de conocer mejor a doña Sofía, «esa Reina de la que los españoles saben tan poco», no lo he hecho a vuela-pluma ni gratuitamente. Según el propio Vilallonga, «si los españoles saben poco de lo que concierne a doña Sofía, ello es debido a la extraordinaria discreción de la que ella sabe rodear tanto su vida oficial como su vida privada (...), una vida entregada a su marido, a sus hijos y a su deber, a menudo ingrato y siempre arduo cuando no penoso».

Quienes lean este libro sobre la Reina con la esperanza de encontrar entre sus páginas una biografía al uso se van a sentir defraudados. Posiblemente se sentirían más que defraudados si el autor no intentara ir más allá de la mera actividad profesional de doña Sofía —esa actividad que tanto admira el Rey— y de los datos más o menos anecdóticos recogidos por los distintos biógrafos que ha tenido la reina de España [2].

Porque de su infancia y juventud se conoce todo o casi todo: su nacimiento, su bautizo y eso tan sabido de que hubiera tenido que llamarse Olga, pero al terminar las salvas de ordenanza anunciando el nacimiento (veinte cañonazos si viene al mundo una niña), la gente que se agolpaba alrededor del palacio empezó a gritar: «¡Sofía! ¡Sofía!...»

Sofía no sólo era la alegría de la casa, sino una niña tan inteligente que a corta edad ya mantenía largas conversaciones con su madre. Su inteligencia hizo que «el profesor de griego de la escuela le pidió que no siguiera asistiendo a sus clases porque le corregía continuamente su griego e insistía en que pronunciaba mal todas las palabras» [3].

También sabemos que lo pasó muy bien en las escuelas mixtas Kurt Haha (Alemania), aunque el día que tuvo que separarse de su madre «se arrojó en mis brazos llorando: "¡Mamá, mamá, no quiero irme!" Tuvieron que separarnos físicamente, pues estábamos fuertemente abrazadas y llorábamos a lágrima viva» [4].

De su amor por la música, que era lo que más le gustaba y a lo que dedicaba mucho tiempo en la escuela, sigue dando buenas muestras hoy día.

Según la reina Federica, «a Sofía le gustaban mucho los niños, sobre todo, los bebés». Buen ejemplo de ello es que a su regreso a Grecia ingresó en una escuela de enfermeras, obtuvo su título e incluso llegó a prestar sus servicios en un hospital infantil cumpliendo celosamente sus turnos de día o de noche.

La reina Sofía siempre ha sido una mujer dotada de un gran sentido del humor, un humor inteligente y a veces

---

[2] Para conocer la infancia de doña Sofía, es lectura obligada la obra *Memorias de la Reina Federica,* G. del Toro (editor), Madrid, 1971.

[3] *Ibídem.*

[4] *Ibídem.*

ácido. Su madre recuerda que durante sus estudios de puericultura tuvo que hacer un curso de psicología infantil. Un día, cuando el profesor explicaba a los alumnos que incluso los niños recién nacidos tienen sentimientos eróticos, Sofía le replicó: «Me gustaría saber qué bebé le ha contado ese cuento.»

También es muy conocida su afición a la arqueología, sobre cuya materia llegó a escribir dos libritos: *Miscelánea arqueológica* y *Cerámica en Decelia.*

Aspectos como éstos, de su niñez y adolescencia, son los únicos que de ella se conocen bien. Pero de sus ilusiones, de sus amores juveniles, de sus frustraciones, de sus facetas de prometida y esposa, e incluso de su etapa como Reina, yo diría que se sabe muy poco. Posiblemente porque todas las biografías, más bien escasas, han sido «cortesanas», casi institucionales, y sus autores han olvidado que así como don Juan Carlos ha confesado «yo soy el Rey, pero también soy un ser humano» [5], doña Sofía también lo es, pero además un ser humano que, como la reina Victoria Eugenia, «no creo que haya sido siempre feliz» [6]. Una mujer como ella, dotada de una gran inteligencia, lectora desde muy joven de obras como *La República* de Platón, no sólo siente un interés sincero y entrañable por todos sus semejantes, sino que en todo momento busca, apasionadamente, el sentido profundo de la existencia. Una mujer que, a pesar de todos sus dramas íntimos, mantiene la autodisciplina y cierra los ojos ante ciertas conductas, pero con un entusiasmo natural por la vida.

Doña Sofía ha encontrado un mundo propio donde no puedan herirla los avatares de la vida en común. Pienso que es un gran consuelo para ella ser reina de España, un papel que, pese a todo, le gusta profundamente y ejerce con admirable dignidad.

---

[5] J. L. de Vilallonga, *op. cit.*

[6] «No creo que mi abuela haya sido siempre feliz con nosotros», *ibídem.*

CAPÍTULO III

AGAMENON: EL PRIMER ENCUENTRO

«Sofía ha nacido para ser reina», se decía de ella en la corte helénica cuando aún era muy niña. Pero en realidad, eso se decía —y dice— de todas las princesas reales, y además se intentaba que un día fuera realidad.

Aquella era la época de los inhumanos matrimonios de Estado, por supuesto más duraderos que los matrimonios por amor, ya que todo se limitaba a un simple contrato según el cual ambas partes, desde el primer momento, aceptaban eso de que cuando hay matrimonio sin amor suele existir siempre amor sin matrimonio. Y ya se sabe que los matrimonios por amor son más vulnerables que los de Estado, en los que difícilmente se puede romper lo que no existe.

Las familias reales de entonces todavía no se habían democratizado internamente, como ocurriría años después con la irrupción de los/las «no profesionales» en diversas cortes: en la de Bélgica con Fabiola, en la de Mónaco con Grace, en la de Noruega con Sonia, en la de Suecia con Silvia, en la de Holanda con Claus y en la de Dinamarca con Henrik. Sólo les preocupaba conservar la pureza de la sangre a través de uniones sentimentales de unas casas con otras. Pero se daba la cruel paradoja de que al estar relacionados familiarmente entre sí —casi todos descienden del tronco victoriano—, la consanguinidad iba acabando con esa pureza que deseaban conservar.

Aún hoy, la prensa y la opinión pública gustan de practicar ese ingenuo y decadente juego de emparejar a princesas y príncipes casaderos bajo el título de «parejas ideales». Así ocurrió con motivo de la «alta cumbre» real en Oslo a finales del verano de 1993. Las bodas de plata de Harald y Sonia de Noruega congregaron a todos los soberanos reinantes de Europa y a un nutrido grupo de príncipes y princesas casaderas que acompañaban a sus padres.

Hacía treinta y cinco años que la reina Federica de Grecia había organizado un crucero por las islas del Egeo a bordo del *Agamenón* —del que hablaremos más adelante— en el que se dieron cita los entonces príncipes y princesas solteros más importantes de la realeza europea, entre ellos Sofía y Juan Carlos, aunque aquello, a pesar de todo lo que se ha dicho y escrito, no significó nada para ambos.

Las casas reinantes europeas viven actualmente una etapa de estrecha relación, como se puso de manifiesto en los funerales del conde de Barcelona y del rey Balduino, así como en las bodas de plata de Margarita y Henrik de Dinamarca y en las de los reyes de Noruega. Es lógico pensar que, en lo más profundo de sus sentimientos, desean que continúe esta buena relación entre sus hijos, educados desde la cuna para ser reyes y reinas, evitando así que se repitan historias tan lamentables como las de Diana, Sarah Ferguson, Tony Armstrong Jones, Mark Phillips o Philippe Junot.

No obstante, cruceros como los que organizaba la reina Federica o «cumbres reales» como la de Oslo no podrán impedir nunca que princesas y príncipes en edad de casarse encuentren libremente a magníficos «no profesionales» como Fabiola, Silvia, Sonia, Henrik y Claus.

Lo más divertido de esta reunión de familias reales en Noruega han sido las quinielas y los emparejamientos que se han barajado y publicado, algunos de ellos sin pies ni cabeza. Así, bajo el título «Estas son "nuestras parejas" ideales», ha podido verse a la infanta Elena de Borbón y Guillermo de Luxemburgo; a Felipe de Bélgica y la infanta Cristina; a Haakon de Noruega y Alexandra Saynn de Dinamarca; a Guillermo Alejandro de Holanda y Marta Louise de Noruega, y a Eduardo de Inglaterra y Alejandra de Grecia.

Pero también es posible que, como sucedió con el *Agamenón* de Federica, lo de Oslo no haya servido para nada en este sentido. En aquella ocasión sólo surgió un noviazgo: el de la princesa María Pía de Saboya con el príncipe Alejandro de Yugoslavia que, como todos los de las hijas del rey Humberto de Italia, terminó como el rosario de la aurora.

Cuando se escribe y habla sobre el origen del noviazgo de Juan Carlos y Sofía siempre se insiste, sin fundamento, en que el «flechazo» se produjo con motivo del crucero real del *Agamenón.* Nada más lejos de la realidad. Porque aquel agosto de 1954, los hoy reyes de España eran dos jovencitos, que apenas habían cumplido dieciséis años: Sofía el 2 de noviembre y Juan Carlos el día 5 de enero. No hay que olvidar que ambos habían nacido en 1938.

Aunque el crucero marcó a la reina Federica como la «celestina» de las casas reales, este calificativo es totalmente injusto, ya que la idea del mismo no fue de ella ni el motivo casamentero, sino algo más importante: promocionar el turismo por el país y, sobre todo, por las islas del Egeo, tan desconocidas u olvidadas. Para conseguir atraer al público, un multimillonario armador griego, Eugenides, ofreció a la Reina un buque de su naviera, el *Agamenón,* y diez mil libras esterlinas para que organizara un crucero.

A Federica no se le ocurrió nada mejor y de mayor resonancia que invitar a todos los miembros de las casas reales europeas, algo distanciados unos de otros a causa de la Segunda Guerra Mundial y los durísimos años de la posguerra. No hay que olvidar que durante aquellos años incluso habían caído algunas monarquías, como la italiana, la búlgara y la rumana, sin olvidar la situación en la que se encontraba la española.

La reina de Grecia cursó ciento veintiuna invitaciones a reyes y príncipes; noventa y uno aceptaron complacidos. Y a aquel «arca de Noé» —como fue calificado— subieron entre otros la reina Juliana y el príncipe Bernardo con su hija Beatriz; los grandes duques de Luxemburgo; los ex reyes Humberto y María José de Italia con sus hijos Víctor Manuel, María Pía y María Gabriela; los condes de París y seis de sus hijos, Isabel, Enrique, Helena, Francisco, Ana y Diana; los condes de Barcelona, don Juan y doña María, con sus hijos Pilar y Juan Carlos; la ex reina de Rumania; el ex rey Simeón de Bulgaria; los príncipes de Hannover; Alejandro de Yugoslavia, y otros más.

Declinaron la invitación los reyes de Inglaterra dados los problemas entre Grecia y el Reino Unido a causa de la isla de Chipre, donde el 85 % de la población habla griego y menos del 15 % es de origen turco; el resto son malteses e ingleses. Durante la guerra mundial, jóvenes chipriotas se enrolaron voluntariamente para combatir, tanto en el ejército griego como en las fuerzas británicas.

La reina Federica había escrito a Sir Winston Churchill:

> «A mi marido y a mí empieza a preocuparnos lo que está sucediendo con la amistad anglo-helena desde un punto de vista puramente emocional. Una isla muy pequeña llamada Chipre parece convertirse en una causa de alejamiento entre Grecia e Inglaterra (...). Pero ahora, Sir Winston, el espíritu griego se siente herido por la contundente negativa a celebrar conversaciones respecto al futuro de Chipre (...). No es posible hacerle comprender que sigamos estando colonizados en nuestros tiempos modernos.»

Churchill le contestaría:

> «La isla es de una importancia vital para la defensa del Oriente Medio y el Mediterráneo. Puedo asegurar a Su Majestad que la retirada de Chipre no ayuda-

ría nada y en cambio podría debilitar verdadera y fatalmente la combinación de la que depende la seguridad de todos nosotros.»

Ambas cartas están fechadas en 1954, año en el que tuvo lugar el crucero del *Agamenón.*

El crucero duró trece días y tuvo una gran repercusión. El turismo se incrementó de tal forma que en el verano de 1955 se crearon numerosas líneas marítimas que recorrieron, con gran afluencia de público de todo el mundo, las paradisíacas y virginales islas griegas como Mikonos, Hydra, Santorini, Pharos y Rodas, entre otras.

Cierto es que, con motivo del crucero, Sofía y Juan Carlos se conocieron y compartieron juegos y excursiones, pero nada más. Hablar de inicio de romance, de noviazgo, no es sólo gratuito sino absurdamente ridículo. Prueba de ello es que habrían de pasar cuatro años hasta que volvieran a reencontrarse. Fue el 19 de julio de 1958, en el castillo alemán de Althausen, con motivo de la boda de una hija de los duques de Würtenberg a la que tanto el príncipe como su padre, el conde de Barcelona, habían sido invitados.

Días antes de esta boda, el 16 de julio —fiesta de la Virgen del Carmen— don Juan Carlos había recibido su despacho como cadete de la Escuela Naval de Marín.

El general Franco permitió que don Juan Carlos realizara el viaje hasta Stuttgart en un avión militar DC-3, bautizado con el nombre de *Vaca sagrada* y tripulado por el comandante Emilio García Conde. Acompañaba al príncipe su secretario, Alfonso Armada, por orden del general Martínez Campos, duque de la Torre.

Aquel viaje, el primero de Juan Carlos al extranjero como protegido del general Franco, pudo haber acabado en tragedia por culpa de los franceses, concretamente de los controladores del aeropuerto o aeródromo de Burdeos. Conocedores de la persona que viajaba en dicho avión y de que éste era un avión militar de la España franquista, cortaron toda comunicación por radio y se negaron a autorizar el aterrizaje para repostar, aterrizaje que sólo se produjo cuando el DC-3 entró en situación de emergencia.

En Stuttgart, el príncipe fue recibido por los hijos del duque de Würtenberg, en compañía de los cuales realizó el viaje por carretera hasta el castillo de Althausen, donde aquella misma noche se celebraría un baile. También aquella noche, por primera vez, don Juan vio con emoción a su hijo luciendo el uniforme de gala de guardiamarina.

La noche depararía otra gran sorpresa: el reencuentro de Juan Carlos con Sofía, invitada a la boda junto con su madre, la reina Federica, y su hermana, la princesa Irene. Ambos jóvenes bailaron juntos durante toda la fiesta.

El hoy ex general Armada, testigo de aquella noche, la recuerda así: «En este baile fue donde conocí a la princesa Sofía. Estaba monísima. El príncipe me la presentó y confieso que, mientras bailaban, me pareció que hacían una pareja colosal. Tanto es así que recuerdo que lo comenté con él después de la fiesta. "¿La princesa Sofía de Grecia? ¡Me ha encantado!..." Desde luego, en aquel momento no creí que hubiera de ser, con el tiempo, la reina de España. Entonces, la diferencia de religiones parecía una seria dificultad para el matrimonio.»

Sofía y Juan Carlos se volverían a encontrar dos años más tarde —1960— en Roma, con motivo de la Olimpiada en la que participaban el joven príncipe heredero Constantino, como miembro del equipo de vela que representaba a Grecia, y su hermana Sofía como miembro de la organización de los Juegos. Toda la familia real griega fue emocionado testigo del triunfo de Constantino.

La reina Federica lo recuerda así:

> «Tanto Palo [nombre con el que designaba cariñosamente a su marido el rey Pablo] como yo, al igual que Sofía e Irene, sabíamos lo que supondría para Tino ganar una medalla de oro. Los Juegos Olímpicos habían nacido en Grecia y él era su príncipe heredero. Si ganaba, todo el país levantaría la cabeza con orgullo. Palo y yo no podíamos seguir mi-

rando, e inútilmente tratábamos de pensar en otras cosas. Sonó un disparo. Tino había ganado. Sofía e Irene se enjugaban las lágrimas con sus pañuelos. Palo y yo nos abrazamos. Me dijo que dejara de comportarme como una chiquilla, pero cuando se quitó sus gafas oscuras, también el llanto nublaba sus pupilas (...). Llegamos a tierra antes que Tino. Mientras le esperábamos, sonaban todas las sirenas y el gentío lo aclamaba. A pesar de haber vencido al campeón italiano. Tino era muy popular entre ellos y todo el mundo compartía su alegría. Era uno de los olímpicos más jóvenes. En el momento que puso pie a tierra Sofía cogió una manga de riego y le duchó de arriba abajo. Palo le agarró por los hombros y le arrojó al agua sin el menor miramiento.

»Aquella tarde, como muchos jóvenes griegos de la antigüedad, fue proclamado *Olimpionikis.* Sonó el himno nacional y la bandera griega se izó en el mástil más alto saludando al vencedor, al hijo del Rey.» [1]

En este tercer encuentro no se produjo nada digno de reseñar, sentimentalmente hablando, entre el príncipe español y la princesa griega, quien durante aquellos años había vivido y sufrido su primer amor y su primer desengaño.

[1] Reina Federica, *op. cit.*

Capítulo IV

SU PRIMER AMOR

A diferencia de los dos eventos antes señalados, el 12 de marzo de 1960, en el palacio real de Estocolmo, se organiza «descaradamente», sin encubrir los motivos con eufemismos, «el baile de las princesas», en el que se reúnen casi todos los jóvenes y las «jóvenas» —como diría Carmen Romero, esposa del presidente del Gobierno español, Felipe González— de las casas reales europeas en edad de merecer y todavía sin compromiso.

Con esta fiesta se pretendía que los príncipes pudieran formalizar más de un noviazgo, ya que por entonces varias eran las princesas, algunas herederas de los tronos de sus países, que se encontraban todavía solteras. Beatriz y Margarita, por ejemplo, serían años más tarde soberanas de Holanda y Dinamarca, respectivamente.

Entre los asistentes al baile figuraban también Alejandra de Kent, Margarita, Birgitta y Désirèe de Suecia, Irene de los Países Bajos, Margarita de Dinamarca, Margarita y Ragnhild de Noruega e Irene y Sofía de Grecia.

Las nietas del rey de Suecia fueron las anfitrionas del más brillante acto social de aquellos años, que superó incluso el propio baile real que Balduino de Bélgica obsequió a la nobleza europea con motivo de la inauguración de la Exposición de Bruselas.

Se comentó entonces la ausencia de la princesa Margarita de Inglaterra, pero aquel baile era una especie de exhibición de princesas que buscaban novio y la hermana de la reina Isabel ya lo tenía, aunque éste fuera un plebeyo como el fotógrafo Tony Armstrong Jones.

El sector masculino de la realeza europea estaba magníficamente representado por el príncipe Constantino, futuro rey de Grecia; el príncipe Harald, futuro rey de Noruega; el rey Simeón, que no había renunciado a sus derechos al trono de Bulgaria; Eduardo de Kent; el príncipe de Hessen; Maximiliano de Baviera, y Alberto de Lieja, futuro rey de Bélgica.

Los resultados del acontecimiento no fueron mejores que otros organizados encubiertamente con el mismo fin, ya que ni un solo romance llegó a cuajar.

Se especulaba que con este «sarao real» el príncipe Constantino de Grecia, de diecinueve años, y la princesa Désirèe de Suecia, de veintiuno, se conocerían mejor, lo que ayudaría a consolidar un proyecto matrimonial que, desde hacía algún tiempo, ambas familias estaban fraguando. Años más tarde, Constantino contraería matrimonio con la princesa Ana María de Dinamarca —que ni siquiera fue invitada a esta fiesta porque entonces era tan sólo una niña— y Désirèe perdería tanto el título como todas sus prerrogativas reales al casarse con el barón Nicolas Silfverschiold.

A Simeón se le emparejó con Margarita de Noruega, pero en 1962 el rey búlgaro se casaba con la joven española Margarita Gómez-Acebo, mientras que la princesa nórdica lo hacía con un burgués apellidado Ferner, perdiendo también el título y todos sus derechos.

Las herederas Beatriz de Holanda, a quien se intentó relacionar con el duque de Kent, y Margarita de Dinamarca no encontrarían en aquel baile de solteras a su príncipe azul. Siendo como eran futuras soberanas, prefirieron contraer matrimonio, años más tarde, con plebeyos: una con un joven alemán, Claus von Ansbergs, y la otra con un diplomático francés, Henri de Mompezat. Posiblemente pensaron que siendo ellas reinas ya bastaba.

Alejandra de Kent también se casó al margen de la realeza con un caballero inglés, Agnus Ogilvy.

No obstante, aquel baile despertó un interés muy especial en la prensa, ya que se daba como seguro el anuncio del compromiso matrimonial de la princesa Sofía de Grecia, de veintidós años, con el príncipe heredero Harald de Noruega, de veintitrés, una relación llena de complicaciones de la que se venía hablando desde hacía dos años; un supuesto noviazgo que, al menos por parte de Sofía, parece que existió, pero sobre todo por parte de la reina Federica. Pero Harald tenía, desde hacía varios años, un amor secreto: una modesta joven noruega que se llamaba Sonia.

La escritora y periodista francesa Françoise Laot, redactora jefe de la revista *Point de vue* —el *¡Hola!* francés— y famosa por sus entrevistas a reyes y príncipes, entre ellos el de España, y por su trabajo de investigación sobre las casas reales, de cuyos personajes ha desvelado las más secretas intimidades sin desvincularlos de las circunstancias históricas de su época, aborda en su libro *Juan Carlos y Sofía de España. Un reino, una familia* [1] el tema de Sofía y Harald en los siguientes términos:

> «En 1956, Sofía, que cumple dieciocho años, ha hecho su debut acompañando a sus padres en una visita de Estado.
>
> »Los parisienses están emocionados ante una joven princesa tan reservada, cuyos ojos están siempre bajos, que parece absolutamente romántica con su largo vestido de tul blanco durante la fiesta de gala en el Elíseo.
>
> »Al volver, los griegos preguntan a la Reina:
>
> »—¿Cuándo casas a tu hija?

---

[1] Espasa-Calpe, Madrid, 1988. Edición original: Libraire Académique Perrin, 1987.

»Federica decide inmediatamente ocuparse de ello (...) En los años siguientes intenta orientar a su hija mayor hacia una monarquía del norte y el único futuro Rey en edad de tomar esposa es Harald de Noruega.»

Según parece, y la revista *¡Hola!* —boletín oficial de las casas reales— así lo publicó en su número 837 [2], «todo empezó en Estocolmo, en 1958, durante una de las visitas de la familia real griega a los países escandinavos». Desde entonces se comenzó a hablar ampliamente de este idilio, sobre todo después del baile ofrecido por el rey Olav de Noruega a los soberanos griegos, sus invitados; o, mejor dicho, a los jóvenes príncipes griegos y escandinavos que allí concurrían.

Sofía bailó incansablemente con el príncipe heredero Harald, y sólo con él. Al día siguiente, todo Oslo hablaba de Sofía como de la novia de Harald. Y desde ese momento no dejaron de insistir en lo mismo, mientras los príncipes mantenían una correspondencia cada vez más cordial.

No había duda. Era fácil de prever. La princesa Sofía se había enamorado. Su príncipe azul reunía todas las condiciones: era guapo, agradable y un día sería rey de Noruega.

Tras unas vacaciones de Harald en Corfú, se especula con el anuncio oficial del noviazgo. Y a la espera de tan feliz acontecimiento, noruegos y griegos no cesan de poner de relieve las afinidades de ambos países, sus destinos paralelos: países pequeños que saben caminar valientemente junto a otros de Occidente; países que sufrieron las primeras embestidas alemanas durante la última guerra mundial y que supieron resistir con heroísmo.

Harald y Sofía eran príncipes modernos en contacto con sus respectivos pueblos, que les admiraban. ¿Por qué no habrían de desear los noruegos a esta futura Reina, tan bonita, al lado de su futuro Rey? Las razones del corazón

[2] Septiembre de 1960.

pesaron mucho entonces en Noruega y en Grecia. Al menos en la mentalidad de la gente, el «romance» iba tomando forma y, aunque existía el inconveniente de la diferencia de religión —Harald es protestante luterano y Sofía profesaba entonces la religión ortodoxa—, no iba a ser el primer caso que se solventase mediante una conversión.

Como ya se ha dicho, Harald fue invitado por la familia real griega a pasar unas vacaciones en la isla de Corfú durante quince días. El y Sofía eran inseparables. Por las mañanas se bañaban en el mar, luego pasaban largo rato bajo la romántica arboleda que rodea la posesión real y, por la noche, iban a bailar a una pequeña localidad vecina. Los dos parecían radiantes y felices. Sus costumbres democráticas y sencillas eran las mismas. Tanto los griegos como los noruegos se decían que la joven princesa sería una magnífica reina de Noruega, país que, como todos los escandinavos, ama por encima de todo el espíritu abierto y sencillo de su familia real. Era lógico que les gustara esta encantadora princesita que asistía regularmente a cursos de puericultura y prestaba sus servicios como enfermera en un hospital infantil.

Por su parte, los griegos —según publicó *¡Hola!* en su número 834 [3]—, con su ancestral amor a la belleza, fueron seducidos por el físico del apuesto heredero de la corona noruega y no dudaron en acogerle con grandes muestras de simpatía, ante la idea de que pediría la mano de su querida princesa Sofía. Para demostrar tal aprobación, hasta los enemigos de la Corona callaron en esta ocasión. La crónica decía:

> «La familia real griega no es rica, pero una princesa no puede ir al matrimonio con las manos vacías. Precisamente en estos días de estancia del príncipe noruego se ha sometido al Parlamento una petición para dotar a la princesa. Según marca la Constitución, son los diputados quienes deben fijar la cantidad.

[3] Agosto de 1960.

> Esta se ha estipulado en más de tres millones de pesetas al cambio y nadie ha abierto la boca para rebatir la suma. Y es que el pueblo no quiere echar a perder el sueño de amor de la dulce Sofía.»

El reportaje aparecía ilustrado con una fotografía a tres columnas con el siguiente pie: «La princesa Sofía de Grecia y el príncipe Harald de Noruega —ambos en bañador—, fotografiados cuando efectuaban un paseo en lancha durante sus vacaciones en Corfú.»

Al hacerse pública la cantidad fijada para la dote, se rumoreó que la familia real noruega la consideraba exigua. ¿Quién diría que las monarquías democráticas de entonces anteponían el interés a la felicidad? Sólo faltaba ver si en este duelo principesco, de ser enteramente cierto, podía más el dinero o el amor.

Muchas veces se ha hablado de la pobreza de la familia real griega. En todo el mundo son famosas las anécdotas que ponen de manifiesto el sentido ahorrativo de la reina Federica. Incluso se ha dicho que Su Majestad se hacía transformar los vestidos, algo quizás exagerado. Pero de lo que no hay duda es de que esta familia llevaba una vida en la que el lujo y lo superfluo se limitaban a lo que la dignidad consideraba indispensable. De hecho, no pocas veces tuvo que pedir el rey Pablo al Parlamento que le aumentara la asignación para poder hacer frente al elevado coste de la vida.

El casamiento de un príncipe heredero, en este caso al trono de Noruega, constituía un asunto de Estado y era comprensible que el rey Olav no quisiera hacerlo de cualquier forma. Tampoco, desde luego, lo hubieran consentido los padres de Sofía.

Aunque la prensa de entonces publicó diversas informaciones sobre el supuesto noviazgo y los problemas económicos relacionados con la dote de la princesa Sofía —la revista *¡Hola!* se hizo eco de que la reina Federica, consciente de que el tesoro griego no estaba en condiciones de permitirse mayores larguezas con las princesas casaderas de la Familia Real, estaba dispuesta a una concesión anticipada de su herencia personal en favor de Sofía para así incrementar la dote—, lo cierto es que poco se sabe de los motivos que impidieron que aquel noviazgo acabara en boda.

Yo pienso que no fue sólo el tema de la dote —si es que existió— el impedimento principal. Françoise Laot [4] reconoce que «al final todo fracasa por una razón sórdida: la dote de Sofía es demasiado poco importante. El rey Pablo había pedido para la ocasión cincuenta millones de francos antiguos al Parlamento griego, pero éste consideró que veinticinco millones bastaban».

Sofía no percibe la mezquindad de todo este asunto. Es una muchacha inteligente y todavía muy joven que prefiere aprender a vivir poco a poco que con precipitación. «Sofía es dulce, equilibrada. Su reserva no significa falta de confianza en sí misma. Más tarde aflorará su ambición, en el buen sentido del término. Parece sumisa pero en realidad es disciplinada y razonable. Es una persona cultivada sin demostrarlo a cada instante. Sobre todo detesta la arrogancia», comenta Laot.

Para comprenderla y amarla hay que descubrirla. Es lo que va a hacer Juanito (como entonces llamaban al príncipe Juan Carlos) en la boda del duque de Kent.

Como he referido anteriormente, pienso que el entonces príncipe Harald no actuó con la nobleza que, no sólo a un príncipe sino a cualquier hombre, se le exige en relación con una mujer que, estando enamorada, cree ser correspondida. Posiblemente Harald, un joven que había crecido entre la fuerte y dominante personalidad de su padre, el rey Olav, y el mimo de sus dos hermanas, no tenía la madurez suficiente para asumir su responsabilidad en este tema y, sobre todo, el valor para confesar que ya estaba enamorado de Sonia Haraldsen desde hacía mucho tiempo.

Lo que ocurría es que cada vez que se planteaba este problema, el de Sonia, su padre se enfurecía, como lo hizo cuando, al parecer, Harald se negó a formalizar el noviaz-

---

[4] *Op. cit.*

go y anunciarlo oficialmente después de la boda del duque de Kent en Londres.

En torno a esta boda, celebrada el día 8 de junio de 1961, se han proyectado muchas cosas, la mayor parte de las cuales no han surgido a la luz pública. Una de ellas, que se ha conocido ahora por indiscreciones de varias cortes y atando cabos, es un drama sordo transcurrido entre los oropeles de la ceremonia.

Como hemos dicho, el rey Olav había dispuesto, de acuerdo con la corte de Atenas, que a raíz de esta boda se anunciase el compromiso de su hijo con la princesa griega. Sofía, que estaba enterada, se mostraba radiante. Era la consumación de su gran sueño, pues, según se decía, estaba enamorada del heredero noruego desde hacía dos años. La noticia de que al fin iba a casarse con su príncipe la llenaba de júbilo. Suponía que éste había olvidado ya a la joven de Oslo, a la que el rey Olav había intentado por todos los medios apartar de su hijo, hasta el extremo de que un gran número de personas próximas al palacio tenían prohibido verla. El capitán Lunkvinst, ayudante y guardia de corps del rey Olav, había recibido órdenes muy precisas con respecto al príncipe y a Sonia. La perspectiva de compartir el trono con el hombre al que amaba aparecía ya despejada.

En un principio, aparentemente, todo iba sobre ruedas. Varios periodistas señalaron que habían visto al príncipe y a la princesa bailar toda la noche con las mejillas muy juntas, aunque destacaron que el príncipe parecía estar serio y sonreír sólo por obligación. Pero al día siguiente, a pesar de estar anunciada la presencia del príncipe en varios actos, nadie volvió a verle. No apareció en las carreras de Rothesay, aunque sí lo hizo la princesa Sofía, y prefirió las regatas de Henley.

La pesadilla y la amargura de un amor no correspondido comenzaban, precisamente, cuando todo parecía a punto de convertirse en feliz realidad. Harald regresó inopinadamente a Oslo. Oficialmente se dijo que había sufrido una indisposición, pero no era así. Al parecer, después de aquella velada y tras una larga conversación con su padre, Harald debió sincerarse y confesarle que no amaba a Sofía y que no podía mentirle. Sabía que había causado un gran dolor a la joven, pero no quiso eternizarlo contrayendo con ella un compromiso que no podía cumplir. Quería a Sonia Haraldsen aunque no le permitieran verla, estaba dispuesto a sufrir las consecuencias de su actitud, pero no podía cambiar. Fue entonces cuando declaró a su padre que, puesto que no podía tomar por esposa a la mujer que amaba, deseaba seguir soltero. El rey Olav montó en cólera y ordenó a su hijo regresar inmediatamente a Oslo. Harald tomó el avión en compañía del capitán Lunkvinst e hizo el viaje triste y silencioso. Tenía la certeza de que en Oslo iba a comenzar su verdadero destierro, pero se hallaba dispuesto a aceptar las consecuencias fueran cuales fueren.

Al llegar a la capital noruega nadie le esperaba en el aeropuerto. Solo afrontó su destino, que no fue otro que casarse, seis años después que Sofía, con la mujer que amaba.

La joven y bella princesa adquirió nuevas esperanzas, posiblemente porque supo y pudo olvidar pronto al príncipe Harald. El Parlamento decidió aprobar una dote para que la casa real griega no volviera a verse humillada.

Capítulo V

LOS AMORES JUVENILES DE JUAN CARLOS

Casi al mismo tiempo que la princesa Sofía vivía su primer amor y sufría su primer desengaño, el príncipe Juan Carlos, con la misma edad, también experimentaba aquello de que quien no ama ignora la alegría de vivir, y que es mejor que se malogre un primer y hasta un segundo amor de juventud que el hecho de no enamorarse cuando se tiene edad para ello.

La juventud es una embriaguez continua, es la fiebre de la razón, como dijo alguien que en su día también fue joven.

Nadie sabría decir como Ibsen qué es el amor ni nadie explicar sobre qué se funda esta deliciosa fe de que un ser pueda existir para la felicidad de otro. Esto debió pensar el príncipe Juan Carlos de la princesa María Gabriela, la joven con la que, al igual que Sofía con Harald, pudo haberse casado si los hoy reyes de España no hubieran ignorado que el corazón tiene cárceles que la inteligencia no abre y que, como decía Cocteau, «la juventud sabe lo que no quiere antes de saber lo que quiere».

Si en el caso de la princesa Sofía los motivos que impidieron el *happy end* de la historia fueron, como se supone, «económicos» —aunque ese motivo tenía nombre y apellidos: Sonia Haraldsen—, en el del príncipe español y la princesa italiana de la Casa de Saboya fueron «razones de Estado».

Cierto es que el noviazgo de Juan Carlos y María Gabriela, por cuestiones geográficas, se podía considerar algo normal y natural, casi obligado; más lógico, por supuesto, que el de Sofía y Harald, ya que mientras éstos vivían alejados, ella en Atenas y él en Oslo, la familia del conde de Barcelona y la del ex rey Humberto de Italia eran vecinas. Ambas vivían exiliadas de sus países respectivos: don Juan en Villa Giralda, en la localidad portuguesa de Estoril, y Humberto de Saboya en Villa Itálica, en Cascais. Sus hijos son íntimos amigos desde la infancia y además existe otra serie de detalles que las aproximan: ambos han nacido en Italia, Juanito en Roma, en 1938, y María Gabriela en Nápoles, en 1940; y los dos son altos, rubios, de ojos azules y católicos. También comparten las mismas aficiones: la equitación, la caza y los coches.

Por entonces, se llegó a rumorear que, de no haber sido por la muerte tan trágica del infante Alfonsito, el noviazgo se hubiera formalizado en el verano de 1956. De todas formas, los dos jóvenes siempre están juntos, no sólo en Cascais y Estoril, donde viven, sino en viajes como el que realizaron en 1957 para asistir a la boda de la princesa Héléne, la hija mayor de los condes de París, que tienen casa en la localidad portuguesa de Sintra. Este hecho facilita que la amistad entre los hijos de tan egregios exiliados sea grande e íntima.

Françoise Laot refiere en su libro sobre Juan Carlos y Sofía, a propósito de la relación amorosa entre el hoy rey de España y la princesa italiana:

> «En 1958, durante un baile de disfraces en la Quinta de Ajinho, residencia de los condes de París, todos advierten que no se separan ni un momento. Isa, como así es llamada María Gabriela, ha cogido como disfraz el traje con miriñaque y los pantalones

de encaje de los niños de principio de siglo. Juanito se ha puesto un traje de augusto: pantalones de cuadros amarillos y negros y chaqueta roja. Ambos parecen divertirse mucho.»

Por aquel entonces, el príncipe Juan Carlos, cadete de la Academia General de Zaragoza, mantiene al mismo tiempo una extraña amistad-noviazgo con una condesita italiana llamada Olghina, a quien había conocido en Portugal en 1956, donde vivía en compañía de su padre tras separarse de su madre y cuya prosapia trasciende hasta María Estuardo.

La tal Olghina Nicolis, condesa de Robilant —como se lee en su tarjeta de visita—, tiene hoy sesenta años y es madre soltera de una hija, llamada Paola, nacida en 1960, cuya paternidad gusta de atribuir a don Juan Carlos. Durante siete años estuvo casada con un pintor que le dio otra hija, Valentina, que en la actualidad tiene veinte años.

En 1986 la condesa, al olor del dinero que se estaba pagando por las exclusivas y porque la necesidad aprieta, pensó que ella también tenía algo que vender. Sobre mi mesa puso un paquete de cuarenta y siete cartas que un cadete de la Academia General de Zaragoza le había escrito entre 1956 y 1959. La importancia de esas cartas no es otra que su autor: Juanito, hoy Su Majestad don Juan Carlos I de España.

La parlanchina y desvergonzada condesa, cuya bisabuela había sido amante del rey Carlos Alberto de Saboya, quería venderlas y airear su contenido porque en su escala de «valores» el dinero ocupaba el primer lugar, y la fidelidad y la amistad, el último.

Para seres como Olghina, una mujer venida a menos, la carencia de bienes suele ser mala consejera. Sobre todo cuando no se está sobrada de ética y se guarda en el baúl de los recuerdos algo con que comerciar.

«Yo no soy rica, soy pobre y tengo que alimentar a mi hija. Si otras personas, más poderosas que yo, han vendido cartas parecidas, ¿por qué no había de hacerlo yo?»

Este comentario lo hizo ante el periodista Miguel Angel Mellado, de la revista *Epoca* [1], que la entrevistó en su casa de L'Olgiata, un barrio residencial de las afueras de Roma. «Puede parecer que soy una sinvergüenza sin escrúpulos y no es así. ¿Qué habrá pensado Juan Carlos de mí?», se preguntaba en la entrevista.

Yo, que sólo actué de intermediario en aquella compra-venta de las cartas, supe de su contenido dos años más tarde, en 1988, cuando sorprendentemente dicha correspondencia apareció publicada en la revista italiana *Oggi.* ¿Quién las vendió en esta ocasión? No tengo pruebas, pero mucho me temo que alguien —¿la propia Olghina?— que contaba con fotocopias de las cartas que me habían vendido. La falta de ética que demostró la primera vez obliga a pensar así.

Por si fuera poco, en 1989 publicó un libro de memorias que lleva el «original» título de *Sangue blu* [2], en el que narra su ajetreada vida amorosa, los secretos del Gotha y su relación con el príncipe Juan Carlos. Sobre este particular ofrece, con desvergüenza y total falta de pudor, detalles que, aunque pertenecen a un pasado lejano, han podido herir a doña Sofía.

Como afirmaba Homero, dejemos que el pasado sea el pasado y no olvidemos que tener celos del pasado es una perversidad, dado que ordinariamente está hecho de cenizas.

Volviendo a María Gabriela, en dos de las cartas publicadas en *Oggi,* escritas por Juan Carlos en mayo de 1957, aparecen elocuentes y expresivas referencias. En la primera de ellas dice:

«El otro día fue el cumpleaños de Gabriela y le regalé una pulsera (*bracelet*) de plata con las insignias

---

[1] Número 152, 8 de febrero de 1988.

[2] *Reina de corazones,* Grijalbo, Barcelona, 1993.

de Infantería, y me ha dicho, pues hablé por teléfono con ella, que le había gustado mucho (...). Yo, si quieres que te descubra mi corazón, te quiero más que a nadie ahora mismo, pero comprendo, y además es mi obligación, que no puedo casarme contigo y por eso tengo que pensar en otra, y la única que he visto, por el momento, que me atrae, física, moral, por todo, muchísimo, es Gabriela, y espero, o mejor dicho creo prudente, por ahora no hablarle de nada en serio, o darle a entender algo y que lo sepa, pero nada más pues los dos somos muy jóvenes.»

En la otra carta, el cadete Juan Carlos de Borbón y Borbón le escribe a la condesa Olghina: «...si tú misma pretendes y además me lo dices que me tengo que casar con Gabriela...».

Independientemente de estos inocentes amores de juventud, amores de cadete con la condesita Olghina o la princesita Gabriela, lo cierto es que el príncipe Juan Carlos siempre tuvo, a pesar de su juventud —cuando escribía estas cartas acababa de cumplir diecinueve años—, dos valores innegociables por encima de cualquier frivolidad: su padre y España. Y por su patria y por su padre —en España «reina» un dictador y don Juan vive un exilio sin esperanza— lo sacrifica todo: amistades peligrosas y amores tempranos. Para él sólo existe una palabra: deber. Y la lleva hasta sus últimas consecuencias, aunque ello le suponga dolorosas renuncias. Un elocuente testimonio lo tenemos en esta otra carta a Olghina en la que, con todo el ardor de su juventud —repito que sólo tenía diecinueve años—, escribe estas dramáticas líneas sobre las que merece la pena meditar:

«Yo, por mí, años y años podría seguir queriéndote, pero no sería yo, sería mi subconsciente, pues a mí, no mi cuerpo sino mi alma, me tira a seguir de "pe a pa" los pasos de mi padre y no traicionarle nunca; por eso te dije, primero por escrito y luego de palabra, que yo me debía a España y que nunca podríamos realizar ese sueño. Tú misma me dijiste un día en Guincho: "Qué bonito es soñar." Y es verdad. Pero dejémonos de cosas tristes...»

Cierto es que Juanito sabe que tanto su padre como el ex rey Humberto están de acuerdo en el noviazgo de Gabriela «aunque don Juan hubiera preferido a la princesa Alejandra de Kent con el fin de estrechar los lazos de los Borbones con Inglaterra» [3]. Pero él es un joven noble y de muy buenos sentimientos que desea, ya que no es posible otra cosa, conservar la amistad con la condesita Olghina:

> «Creo una tontería ensombrecer una amistad como la que tenemos por culpa, sinceramente te digo, que no sé de quién (...), a lo mejor tú dirás, caramba, este tío qué cínico es, pero no lo pienses, pues no es así (...) o sea, que no creo que tengas tantos motivos como para acabar así una amistad...» [4]

Posiblemente, el lector se preguntará por qué el príncipe Juan Carlos renunciaba al amor de la condesa Olghina y prefería a la princesa María Gabriela. La clave la da la misma Olghina cuando, al ser preguntada por Miguel Angel Mellado si había tenido algún problema con don Juan, contesta: «Sí, él no veía con buenos ojos nuestra relación. No me quería. En una ocasión obligó a que me desinvitaran a una fiesta en Portofino.»

Mucha razón debía tener el conde de Barcelona para adoptar esta actitud, que compartían también otros miembros de la familia real; tal es el caso de la infanta Cristina, hermana de don Juan, según se deduce de una carta escrita por Juan Carlos en septiembre de 1957 y en la que le explica a Olghina que la ha defendido frente a su tía:

---

[3] Françoise Laot, *op. cit.*

[4] Escuela Naval Militar, Marín (Pontevedra), 27 de septiembre de 1957.

«Quiero, por encima de todo, que sepas que siempre que alguien ha hablado de ti te he defendido. Quiero también que sepas que el último día de Rapallo me peleé con tía Crista, pues tuvimos en su casa una discusión muy fuerte y me hubiera alegrado infinito que en aquel momento hubieras estado presente pero, desagradablemente, no fue así; o sea, que no creo que tengas tantos motivos para acabar así una amistad.»

Una prueba elocuente de que los sentimientos entre Juanito y Gabriela son recíprocos —ella le considera un hombre «bueno sin esfuerzo»— es que la fotografía de la princesa de Saboya está en la mesilla de noche del príncipe en la Academia General de Zaragoza.

En julio de 1960, con motivo de la boda de la princesa Diana de Francia con el heredero del ducado de Würtenberg, Juan Carlos vuelve a Alemania donde —como ya se ha comentado— había estado en 1958, también en una boda a la que asistió la princesa Sofía.

En esta segunda ocasión, su pareja en los bailes celebrados en el castillo de Althausen es Gabriela, junto a la que se le vuelve a ver en los Juegos Olímpicos de Roma en 1960. Allí coincide nuevamente con Sofía.

En aquellas fechas, Juan Carlos estaba a las puertas de sufrir su primera —¿o segunda?— decepción en el terreno sentimental. No porque así lo deseara, sino por las ya mencionadas «razones de Estado».

El principio del fin tuvo lugar cuando el director de la Academia, posiblemente a sugerencia del duque de la Torre, el preceptor del príncipe impuesto por el general Franco, pidió a Juan Carlos que quitara la fotografía de Gabriela de la mesilla de noche: «El general Franco podría disgustarse en caso de que viniera a hacer una visita a la Academia.»

El argumento esgrimido, además de suponer una intromisión en la vida privada, íntima, del cadete, suponía un atropello a la libertad, a los derechos humanos y a los sentimientos de la persona, amén de un ridículo servilismo a la voluntad caprichosa del dictador. Me niego a admitir que Franco diera la orden, aunque ¡vaya usted a saber! Tampoco es de creer que se tratara de una decisión personal del director de la Academia.

Es cierto que Franco le confesó a su primo, jefe de la Casa Militar y secretario privado, Francisco Franco Salgado-Araujo, que no le gustaba María Gabriela porque era excesivamente libre y tenía «ideas demasiado modernas». Ignoro qué entendería el General por libertad y modernidad.

El duque de la Torre hace también que Juan Carlos comprenda que debe dejar de telefonear a la princesa de Saboya. Françoise Laot escribe en su obra:

> «Juanito no tiene intención de desobedecer, se somete sin rebelarse, pero mucho después de haberse casado con Sofía reconoció:
>
> »—Hubiera podido, es verdad, casarme con María Gabriela.»

Pensando en estos primeros amores de Sofía y Juan Carlos, en sus primeras decepciones y en todo lo que ha sucedido después, uno no puede sino reflexionar que resulta muy triste que la felicidad de un hombre y de una mujer pudieran depender, con el paso de los años, del hombre y la mujer con los que no pudieron casarse.

CAPÍTULO VI

LA CULPA LA TUVO EL PROTOCOLO

La reina Sofía no es, precisamente, una mujer que se haya prodigado mucho en la prensa con entrevistas personales. Las que ha concedido a lo largo de treinta años pueden contarse con los dedos de una mano, y siempre para abordar temas sociales o culturales. Esa ha sido la condición pactada. De su vida pasada o presente, de ella misma o de su familia no ha hablado nunca. Es como si se negara a aceptar una popularidad fácil, a desnudar sus sentimientos.

Por ello sorprendió mucho cuando, en una entrevista, al referirse a su noviazgo y a su boda lo hizo en los siguientes términos, no desprovistos de cierta inteligencia crítica a los formalismos, la etiqueta o el ritual de las cortes reales.

> «En la boda del duque de Kent, por una vez, el protocolo hizo bien las cosas, pues me asignó a Juanito como caballero acompañante.»

Esta confesión de la Reina entra en franca contradicción con lo que entonces se publicó respecto a la princesa Sofía y al príncipe Harald que, por supuesto, en ningún momento fue pareja de la hija mayor de los reyes de Grecia, aunque tampoco existe documento gráfico en el que aparezca con Juan Carlos. Por el contrario, sí hay testimonios gráficos en los que se la ve con su hermano Constantino como acompañante.

Incluso la reina Federica, al referirse en sus *Memorias* [1] a la boda del duque de Kent, Edward, con Lady Catherine Worsley —una boda muy especial por haber sido principio, ¿y fin?, de tantas cosas en la vida de la hoy reina de España— lo hace en estos términos:

> «Sofía y Tino fueron a Inglaterra para asistir a la boda del duque de Kent. Tino nos telefoneó desde Londres y nos dijo que estuviésemos preparados para una gran sorpresa. Al parecer, el príncipe Juan Carlos de Borbón se mostraba muy asiduo con Sofía, lo que no desagradaba a nuestra hija.»

Varios fueron los factores que colaboraron en el inicio de esta amistad entre los jóvenes que, como hemos referido anteriormente, ya habían coincidido en al menos tres ocasiones sin más consecuencias.

Por un lado, Sofía atravesaba un momento de especial sensibilidad por el asunto de Harald. Por otro, Juan Carlos se había visto obligado a poner fin a su relación con María Gabriela; con esta renuncia, y posiblemente otras, comenzaba la cadena de sacrificios que jalonarían su vida.

Los dos jóvenes, que se hospedaban en el hotel Savoy de Londres, al margen de los actos programados con motivo de la boda solían reunirse para tomar el té junto a Constantino y daban algunos paseos por la capital británica... muy asiduamente. Así se inició una gran amistad que desembocaría, más tarde, en noviazgo. El terreno de ambos estaba abonado. Y ya se sabe que, según el dicho popular, «la mancha de la mora con otra verde se quita».

¿Cuándo se prometieron en realidad? Por supuesto, no fue en Londres en aquel junio de 1961, aunque esta ciudad fue testigo de los comienzos de la relación. Pero, ¿hubiera

---

[1] *Op. cit.*

ésta evolucionado, sentimentalmente hablando, si la romántica reina Federica, tan casamentera ella, no hubiera pensado que «Corfú era el lugar más hermoso para enamorarse»? Creo que no, lo cual no significa en modo alguno que aquel noviazgo fuese un arreglo.

En ese verano de 1961 los condes de Barcelona y su hijo Juan Carlos fueron invitados por los padres de Sofía a pasar unas vacaciones en Grecia. Los jóvenes aún no se habían prometido aunque, eso sí, desde su reencuentro en Londres se habían escrito mucho y llamado por teléfono. Y tal como esperaba la reina Federica, Corfú hizo el milagro que no había hecho con Harald, quien —como se recordará— también había pasado unas vacaciones con la princesa griega en la paradisíaca isla.

Si tenemos en cuenta el tiempo transcurrido entre el reencuentro de Juan Carlos y Sofía en la capital británica, junio de 1961, el anuncio del noviazgo, 12 de septiembre de ese mismo año, y la boda, 14 de mayo de 1962, observamos que todas estas obligadas etapas se cubrieron con mucha rapidez, exactamente en once meses.

Para hacer oficial y público el idilio principesco se eligió la ciudad suiza de Lausanne. No gratuitamente: allí vivía su exilio la última reina de España, doña Victoria Eugenia, que algo tuvo que ver en la consolidación del noviazgo. No hay que olvidar que la viuda del rey Alfonso XIII ejercía una enorme influencia en toda la Familia Real, hijos y nietos, e, incluso, infundía cierto temor al general Franco, como se puso de manifiesto cuando ella murió.

Hasta entonces todos, de mejor o peor grado, se mantenían en su sitio interpretando los papeles, a veces ingratos e injustos, que el destino y las circunstancias les habían asignado. Como yo recordaba en *El General y su tropa* [2], el dictador Franco permanecía en El Pardo sin pronunciarse; don Juan en el difícil exilio de Estoril; Juan Carlos en La Zarzuela haciendo al mismo tiempo de hijo, súbdito fiel,

---

[2] Ediciones Temas de Hoy, Madrid, 1992.

pretendiente y colaborador; y Alfonso desempeñaba el papel de conspirador contra don Juan y Juan Carlos.

Pero con el fallecimiento de la reina Victoria el 15 de abril de 1969, «el dictador se pronuncia, Juan Carlos gana, don Juan pierde y Alfonso se queda con la nietísima para seguir conspirando ahora en un solo frente» [3].

Ello puede dar idea de lo que la reina Victoria Eugenia representaba. Y así lo entendieron todos cuando los reyes de Grecia y sus hijos —excepto el príncipe heredero, Constantino, que se había quedado en Atenas—, y los condes de Barcelona y su hijo Juan Carlos, se reúnen en Vieille Fontaine, la residencia de la Reina, para hacer oficialmente público el noviazgo de los jóvenes.

Sobre este anuncio oficial, así como sobre el breve noviazgo, se guardó cautela respecto al General, como si se deseara que Franco fuera el último en enterarse. Hasta el extremo de que, dos días antes, exactamente el 11 de septiembre, don Juan le negó a López Rodó, durante una visita a Villa Giralda (Estoril), que se fuera a producir tal anuncio. Y el día 12, cuando el conde de Barcelona se disponía a tomar el avión en el aeropuerto de Lisboa con destino a Suiza para pedir la mano de la princesa, el embajador de España, Ibáñez Martín, que había acudido a despedirle por orden de El Pardo, abordó a don Juan con estas palabras:

> «—Señor, soy embajador no solamente ante el Gobierno portugués sino muy principalmente ante vuestra Majestad. ¿Qué hay de ese compromiso matrimonial?
>
> »—Nada, embajador, nada de nada. Todo lo que se diga es pura fantasía.»

En *La larga marcha hacia la Monarquía* [4], López Rodó recuerda que, al leer el día 13 en la primera página de

---

[3] *Ibídem.*

[4] Editorial Noguer, Barcelona, 1977.

todos los periódicos de Lisboa el anuncio del compromiso matrimonial entre el príncipe Juan Carlos y la princesa Sofía de Grecia, el embajador «se quedó pálido, blanco como una hoja de papel. No he visto hombre más derrumbado».

No era para menos. El ingenuo de Ibáñez Martín, después de despedir a don Juan en el aeropuerto, había telegrafiado a Franco informándole que no era cierto, que no había nada respecto al noviazgo del príncipe, que todo era «pura fantasía».

El lector se preguntará, con toda lógica, por qué don Juan engañó en esta ocasión al hombre que tantas veces le había engañado a él. Simple y sencillamente porque no deseaba que se convirtiera en un asunto de Estado, del Estado franquista. «Aquella boda la decidía él con los reyes de Grecia y el Jefe del Estado español era absolutamente ajeno a este asunto.» [5]

De todas formas, se dispararon veintiuna salvas en honor de los novios después de que el príncipe Constantino informara al pueblo griego desde la colina de Lycavetos, y don Juan personalmente telefoneó al *Azor,* donde se encontraba Su Excelencia, quien le devolvió la pelota dejándole con la palabra en la boca durante quince minutos después de decirle, tras recibir la noticia: «Discúlpeme un instante, Alteza.» Transcurridos éstos, don Juan volvió a oír al General, que parecía estar leyéndole lo que —es de suponer— había estado escribiendo para responderle. En resumen, «que esperaba que el acontecimiento fuese un bien para la nación española».

No había duda: cada loco con su tema.

[5] *Ibídem.*

Capítulo VII

EL COMPLOT DE FEDERICA

El éxito de la boda de Sofía con Juan Carlos se debió, desde luego, a un complot, un gran complot capitaneado por la reina Federica que recabó ayudas para conseguir ocultarle a su muy amada hija todos los problemas —políticos y religiosos— que pudieran ensombrecer «su día más feliz». Algunos de estos problemas, incluso, estuvieron a punto de impedir la boda.

Hizo falta todo el ingenio y el valor del que estaba indudablemente dotada la reina Federica para que los jóvenes prometidos no se sintieran afectados. Y gracias a ella, y sólo a ella, pudieron casarse felices y confiados.

A Franco no le gustaba ni mucho ni poco que la princesa Sofía fuera ortodoxa —«desde la conversión de Recaredo la familia real española siempre ha sido católica»—, y en conversaciones con su íntimo colaborador, Francisco Franco Salgado-Araujo, le dice:

> «Luca de Tena ha pedido el cargo [embajador de Atenas] al ministro de Asuntos Exteriores, Castiella, y aunque no es de mi agrado he accedido por considerar que este señor será útil en la boda de don Juan Carlos, sin olvidar que es el propietario de un periódi-

> co de la importancia y prestigio del *ABC.* Luca de Tena ha reaccionado muy bien al enterarse de que se proyecta hacer una boda mixta de rito católico y ortodoxo, lo cual no es admisible ni lo tolerará el pueblo español.» [1]

Afortunadamente, la opinión del General no contaba para nada ni en éste ni en ningún otro terreno. Pero el problema religioso que, según Franco, «no toleraría el pueblo español», tampoco estaba dispuesto a tolerarlo el pueblo griego.

Antes de la boda la reina Federica, presionada por el Gobierno del General, dio una nota a la prensa griega —que ésta no publicó— en la que se decía que la princesa Sofía era catecúmena de la Iglesia católica. No hay que olvidar que en el terreno religioso los griegos eran entonces tan intransigentes como los españoles. Y la Iglesia católica, apostólica y romana, así como la ortodoxa, tanto como ambos pueblos.

En la actualidad, este problema puede parecer ridículo, sobre todo si tenemos presente la actitud posconciliar de las Iglesias. Pero entonces suponía un grave problema y hasta el último momento se temió no poder encontrar una solución que satisfaciera a todo el mundo.

La primera y mayor oposición vino, nada menos, que del jefe de la Iglesia griega, Teóclito, quien llegó a amenazar a la reina Federica y le exigió que la ceremonia se celebrara sólo por el rito ortodoxo. Pero lo que más dolió a ésta fue la actitud intransigente y poco comprensiva de la tía Alicia, hermana del rey Pablo y madre del príncipe Felipe de Edimburgo, que había abandonado «el mundanal ruido» de la corte griega para convertirse en superiora del monasterio ortodoxo de Tinos. La princesa Alicia fue el único miembro de la Familia Real que se negó a exiliarse cuando la invasión alemana. «La envidio por quedarse»,

---

[1] *Mis conversaciones privadas con Franco,* Editorial Planeta, Barcelona, 1976.

escribía Federica en sus *Memorias*, y recuerda que la princesa-monja se puso del lado del patriarca Teóclito, agravando con ello el problema:

> «Después de algunas conversaciones terriblemente difíciles con algunas personas que querían ser más papistas que el Papa, enviamos al Vaticano al doctor Pesmazoglou, el más brillante de los abogados griegos, especialista en derecho canónico.» [2]

Con anterioridad a esta delicada gestión, el 15 de enero de 1962, el papa Juan XXIII había recibido en una audiencia especial de una hora a don Juan y a su hijo el príncipe Juan Carlos. Franco diría después que ésta sólo había durado cuarenta minutos. Tras las dos reuniones, el Vaticano accedió a conceder una dispensa canónica que autorizaba una doble ceremonia, católica y ortodoxa, con la condición de que la princesa se convirtiera al catolicismo y prometiera educar a los hijos que hubiere en esta religión.

Los griegos en general, y todos aquellos que se oponían a la boda, dieron por buena la decisión del Vaticano de que Sofía se casara como princesa ortodoxa. Que antes lo hiciera por el rito católico, la religión del novio, era mejor ignorarlo, al igual que en España se intentó ignorar el matrimonio ortodoxo. Según Federica:

> «Todos considerábamos esto como lo más correcto y razonable puesto que Sofía, cuando se casara, abandonaría Grecia para siempre y se convertiría en princesa española, un tributo al pueblo que iba a servir.» [3]

Hay que reconocer, en beneficio de la princesa Sofía, que este delicado tema fue menos traumatizante para ella que para su antecesora en el trono, la reina Victoria Euge-

---

[2] Reina Federica, *op. cit.*

[3] *Op. cit.*

nia, quien siempre recordó, hasta su muerte, la humillación que le supuso la ceremonia de conversión. Un mes antes de su fallecimiento, que tuvo lugar el 15 de abril de 1969, y en el transcurso de su última entrevista [4], que me concedió, confesaba:

> «Lo peor para mí no fue la conversión —apostasía que yo deseaba que se llevara a cabo silenciosamente— sino la ceremonia en sí, que recuerdo como algo desagradable, tan desagradable como era posible. Aunque la reina María Cristina eligió la capilla privada del palacio de Miramar de San Sebastián (5 de marzo de 1906) fue lo suficientemente pública para que yo la sufriera.»

La princesa Sofía se convertiría al catolicismo en Corfú, en total intimidad, con la sola presencia del arzobispo católico de Atenas, Printesis, después de haber sido instruida por don Basilio Garabase.

Victoria Eugenia de Battenberg, por el contrario, estaba fuera de lo que entonces se consideraba «la verdadera Iglesia», por lo que fue obligada a bautizarse de nuevo. «Nunca me sentí tan totalmente sola en la vida como aquel día.»

Le habían prometido que únicamente estarían presentes los indispensables, pero allí se presentaron el primer ministro Moret y su familia, el Rey, la Reina madre y todos sus parientes, y tres obispos. Como una novicia que se dispone a entrar en un convento, allí estaba ella, vestida de blanco, sin joyas y cubierta la cabeza con un velo igualmente blanco.

Doña Sofía, afortunadamente, no tuvo que pasar por el duro trance de tener que «abjurar» de sus creencias «heréticas», como ocurrió con Victoria Eugenia. Esta fue la fórmula que, postrada de rodillas ante los inquisidores obispos y ante todos los presentes, tuvo que pronunciar desde ese preciso día la desgraciada Ena, reina inglesa de España:

---

[4] Publicada en *¡Hola!*, el 1 de abril de 1969.

«Yo, Victoria Eugenia de Battenberg, teniendo ante mis ojos las Sagradas Escrituras, que toco con mi mano, y reconociendo que nadie puede salvarse sin lo que sostiene, cree y enseña la Santa Iglesia católica, apostólica y romana, contra la cual lamento profundamente haber pecado al mantener y creer doctrinas contrarias a sus enseñanzas, ahora, con la ayuda de la gracia de Dios:

»Declaro y profeso que creo en la Santa Iglesia católica, apostólica y romana, que es la única y verdadera Iglesia establecida en la tierra por nuestro Señor Jesucristo, a la que me someto de todo corazón.

»Creo firmemente en todos los artículos que propone para mi aceptación y renuncio y condeno a todo lo que ella renuncia y condena, y estoy dispuesta a obedecer todo lo que ella manda.

»Afirmo que creo en particular:

»En un solo Dios y tres divinas Personas, cada una distinta e igual: es decir, el Padre, el Hijo y el Espíritu Santo.

»En la doctrina católica de la Encarnación, Pasión, Muerte y Resurrección de nuestro Señor Jesucristo, y en la unión personal de sus dos naturalezas, la divina y la humana. En la divina maternidad de la santísima Virgen, que dejó su virginidad intacta, e igualmente en la inmaculada concepción de la Virgen.

»En la verdadera, real y sustancia presencia del cuerpo de Nuestro Señor Jesucristo, al igual que su alma y divinidad, en el santísimo Sacramento de la Eucaristía; en la Penitencia; en la Extremaunción; en el Orden Sagrado y el Matrimonio.

»Creo también en el Purgatorio, en la Resurrección de la carne y en la Vida Eterna.

»La supremacía, no sólo en honor sino en jurisdicción del Santo Padre, Pontífice y sucesor de San Pedro, el Papa, Príncipe de los Apóstoles y Vicario de Jesucristo.

»En la veneración de todos los Santos y sus imágenes, en la autoridad y las tradiciones apostólicas de las Sagradas Escrituras, que no debemos interpretar por nosotros mismos, sino entenderlas en el sentido que nos presenta Nuestra Santa Madre la Iglesia católica, a quien únicamente pertenece la competencia para juzgar su sentido o interpretarlo. Y finalmente todos los otros asuntos decididos por los Sagrados Cánones y los Concilios Generales, especialmente el Sagrado Concilio de Trento y el Consejo Ecuménico del Vaticano.

»Con corazón sincero y por lo tanto con fe genuina, renuncio y abjuro de todos los errores, herejías y sectas que se oponen a la verdad de la Iglesia católica, apostólica y romana.

»Que Dios se digne a ser mi guía, al igual que las Santas Escrituras que en este momento toco con mi mano.»

Aquella misma noche, la princesa británica recibió al obispo que oyó su confesión y a la mañana siguiente recibía la primera Comunión enviando seguidamente un telegrama al papa Pío X en el que le decía: «Me ofrezco de todo corazón como la más fiel de sus hijas.»

Todo esto fue ampliamente publicado en los periódicos al día siguiente.

No fueron solamente problemas de índole religiosa los suscitados con motivo de la boda de doña Sofía con don Juan Carlos. La política también intentó poner su grano de discordia, lo que, precisamente, resultó más difícil de ocultar a los novios.

La oposición al Gobierno de entonces, compuesta por setenta y siete diputados, utilizó un acontecimiento familiar como la boda para hacerse notar. Los leales de la oposición, Giorgios Papandreu y Stefano Stefanopoulos, se negaron a aceptar la invitación y predicaron la abstención entre todos sus partidarios, al igual que Giorgios Venicelos.

Puede que sólo la Reina conociera las terribles jornadas

de inquietud que hubo de vivir esos días, pues hasta el último momento temió que sus admirables esfuerzos no se vieran recompensados. Incluso se corrió la voz de que la oposición quería organizar una manifestación hostil durante la celebración de la ceremonia. Pero, afortunadamente, las autoridades tomaron las medidas necesarias y oportunas. Juan Carlos y Sofía tuvieron la boda que se merecían; sobre todo la boda que la reina Federica deseaba para su muy queridísima hija.

Françoise Laot recoge en su libro que la reina Federica animó al rey Pablo a pedir al Parlamento un aumento de la dote de Sofía. El Parlamento se hizo de rogar y, al final, aprobó la concesión de cuatro millones de dracmas —unos quince millones de francos antiguos—, mucho más que si se hubiera casado con el príncipe Harald. La aceptación sería con el tiempo uno de los remordimientos de Sofía —escribe la periodista francesa—. «Todavía hoy no lo ha olvidado y evoca aquello con cierta amargura.»

Para que nada faltase, hasta el novio tuvo ese día sus dos brazos para casarse. El lector sorprendido se preguntará a qué viene esto de los brazos, como si el resto de los mortales que no son príncipes sólo contaran con uno. Y es que, para acabar de complicar las vísperas nupciales, lo que no pudo conseguir la oposición política y religiosa a punto estuvo de conseguirlo un resbalón sufrido por Juan Carlos siete días antes de la ceremonia.

Durante dos días, un avance de noticias de veinticinco palabras anunciando el accidente sufrido por el príncipe hizo temblar a la corte griega. El palacio vivió entonces bajo la ansiedad: ¿Habría que retrasar la boda? Don Juan Carlos se opuso a ello, y felizmente el temple y la voluntad del príncipe, así como la solicitud de Sofía y la reina Federica, evitaron el drama. Se anularon todos los compromisos y, aunque el novio compareció ante la prensa dos días antes de la ceremonia con el brazo en cabestrillo, el día 14 de mayo sí que dispuso de sus dos brazos para casarse y abrazar a su esposa.

Para reseñar el acontecimiento podría recordar la crónica que yo mismo escribí como enviado especial, pero como este libro está dedicado exclusivamente a la reina Sofía, reproduciré a continuación el relato que de la misma escribe su madre, quien hizo posible que el día 14 de mayo de 1962 nada enturbiara la boda de su hija, hoy no sólo la esposa del Rey, sino la reina de España.

> «Fue un día radiante. Sofía estaba guapísima. Su vestido de novia era una sueño de encaje, sobre el cual, cayendo desde su cabeza hasta el suelo, llevaba mi velo nupcial también de encaje. Una enorme cola era portada por seis damas de honor entre las cuales estaban su hermana Irene, la infanta Pilar, hermana de Juanito, la princesa Irene de Holanda, la princesa Alejandra de Kent y la mejor amiga de mis hijas, la princesa Tatiana Radziwill. Seis jóvenes sostenían las coronas sobre las cabezas de los contrayentes. Mi marido estaba de pie detrás de Sofía y de Juanito, y en determinado momento de la ceremonia tomó en sus manos ambas coronas e hizo tres veces con ellas la señal de la cruz sobre las cabezas de los contrayentes. Fue un espectáculo emocionante. Desde las galerías caían pétalos de rosas sobre la pareja y la concurrencia, como una nevada contra la brillante luz.
>
> »Por primera vez en nuestra vida, toda la familia tomó tranquilizantes, pues no queríamos entristecernos en aquel día feliz. Pero Sofía nos dejaba. No podíamos alejar de nuestras mentes este pensamiento y no tuvimos más remedio que hacerlo de un modo violento y temo que nada filosófico.
>
> »Sofía se trasladó a la iglesia en una hermosa carroza tirada por seis caballos blancos. La acompañaba su padre. A la vuelta se sentaba al lado de su esposo. Las dos veces nuestro hijo acompañó a su hermana a caballo y vestido de gala junto a la carroza.
>
> »Pero cuando llegó el momento de la despedida, el efecto de los calmantes había pasado y el resultado fue el que puede suponerse.

»Al cabo de unos días cometimos una terrible insensatez. Los recién casados quisieron que fuésemos a verlos antes de emprender su luna de miel en España primero y luego alrededor del mundo. Sabía que era un error pero lo hicimos.

»Visitamos a Sofía y a Juanito en la bellísima isla del matrimonio Niarchos, puesta amablemente a su disposición. Fuimos muy felices compartiendo algún tiempo su dicha, pero al tener que separarnos todos lloramos literalmente durante tres horas, incluso Juanito que quiere mucho a su mujer y no puede verla llorar.

»No obstante, interiormente, dábamos gracias a Dios por haber permitido conocer a aquellos dos seres. Todos nosotros queremos mucho a Juanito.

»Desde que nuestros hijos eran muy pequeños tratamos de enseñarles que no eran realmente nuestros. Nos los habían prestado para que les enseñáramos a caminar, pero el camino debían recorrerlo ellos solos. Los padres somos contradictorios; resolvemos con el cerebro nuestros problemas sentimentales y sabemos exactamente lo que es bueno o malo para nuestros hijos, pero así y todo cometemos errores y sufrimos mucho cuando nos dejan.» [5]

Cierto es que Sofía abandonó para siempre su familia, su hogar y su patria para formar la suya propia, su propio hogar, en un país del que, más tarde, sería Reina.

Pero Federica, viuda y sin reino, llena de una ambición más maternal que política, sin importarle las críticas y la influencia poco simpática que se le atribuía, no abandonó nunca a su amadísima hija y siempre que se le permitió estuvo junto a ella. Aunque tuvo que sufrir la prohibición de poder ver cómo se convertía en reina de España.

En cierta ocasión, siendo Sofía una niña, le enseñaron dos fotos de su madre. Al preguntarle cuál prefería, señaló

---

[5] Reina Federica, *op. cit.*

aquella en la que la reina Federica aparecía de frente: «Quiero ésta porque aquí, mamá mira a Sofía.»

Desgraciadamente, su última mirada no pudo ser para su hija, aunque —¡oh, trágica ironía!— la muerte le sorprendió durante una de sus estancias en Madrid.

Pero ésta y otras historias las abordaremos más adelante.

La elegancia de la reina Sofía durante un acto oficial. (Foto: EFE.)

La Familia Real griega durante el exilio en Sudáfrica.

La princesa Sofía (a la derecha) durante su etapa de colegiala en Alemania.

La princesa Sofía a los quince años de edad.

La princesa Sofía con su madre, la reina Federica, en Londres.

La Familia Real griega en el aeropuerto de Roma con motivo de las Olimpiadas.

Las princesas Sofía e Irene de Grecia, fotografiadas en Inglaterra.

Traducción del pie de foto original inglés de la Agencia Keystone:

«10-8-60
¿Romance Real griego-noruego?
La princesa Sofía, hija de los reyes de Grecia, disfruta de un paseo en lancha por la bahía con el joven con quien, según el fotógrafo, probablemente se casará, el príncipe heredero Harald de Noruega. El príncipe está pasando unas vacaciones en la isla de Corfú (donde fue tomada esta foto) en compañía de la princesa Sofía y otros miembros de la Familia Real griega.»

El príncipe Juan Carlos con su primer amor, la princesa María Gabriela de Saboya.

Una feliz princesa Sofía con el príncipe Juan Carlos en su primer viaje a Atenas. El noviazgo todavía no se había hecho oficial.

Los príncipes Juan Carlos y Sofía antes de la boda, en 1962.

Juan Carlos y su padre con la princesa Sofía en Atenas, cuando aún no se había hecho público el noviazgo.

De izquierda a derecha: las reinas Federica y Victoria Eugenia, Juan Carlos, Sofía y el conde de Barcelona. En segundo término, el rey Pablo y la princesa Irene el día de la petición de mano, en Lausanne.

Simpática foto de los novios en vísperas de la boda.

Días felices para los enamorados.

La princesa Sofía y el príncipe Juan Carlos, que se lesionó en el brazo pocos días antes de la boda.

Doña Sofía siempre sintió predilección por los niños.

La princesa con su madre en un desfile de moda eligiendo su *trousseau*.

Juan Carlos y Sofía en el baile de gala celebrado en Atenas en vísperas de sus nupcias.

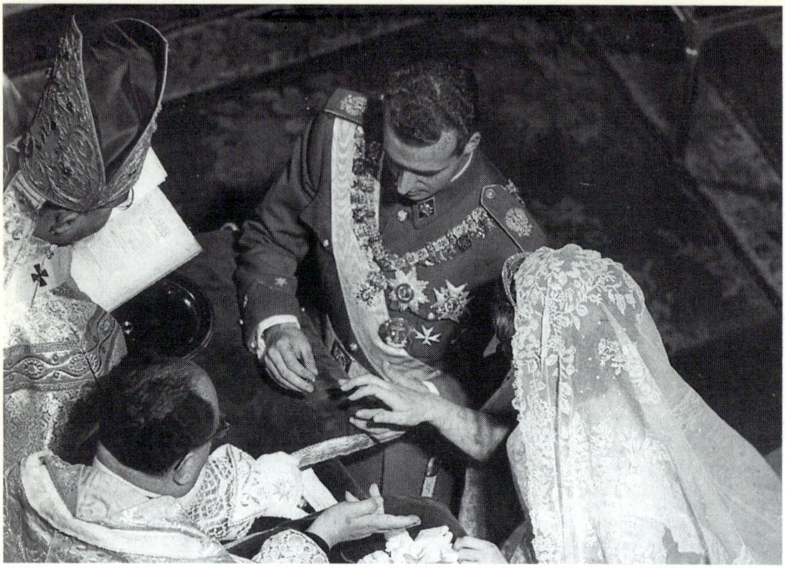

Juan Carlos y Sofía en el momento más importante de la ceremonia católica de su boda.

Los novios durante la ceremonia ortodoxa de la misa.

Los reyes de Grecia y su hija, la princesa Irene, después de la ceremonia católica, dirigiéndose a palacio.

El pase de la Casa Real griega que acreditó al autor de este libro para cubrir los acontecimientos de la boda.

Los recién casados en Roma, donde visitaron al papa Juan XXIII.

Capítulo VIII

EL VIAJE DE NOVIOS EN EL «LIBRO VERDE»

El 11 de julio de 1962, veinticinco días después de la boda de Juan Carlos y Sofía, don Manuel Fraga Iribarne es nombrado ministro de Información y Turismo sustituyendo en el cargo a don Gabriel Arias Salgado. Este nefasto e «inquisidor» antecesor había montado, de acuerdo con el General, todo el dispositivo de censura en torno a la boda en Atenas.

Tal maquiavélica maniobra fue descubierta por don Manuel cuando, doce días más tarde —concretamente el 23 de julio—, al visitar el Departamento de Censura del Ministerio, pide el tristemente famoso «libro verde», como el personal de aquel antro denominaba a lo que no era otra cosa que un registro de las órdenes que sobre medidas a tomar venían de la superioridad; no sólo de El Pardo, sino de todos y cada uno de los ministerios.

Desde el Jefe del Estado a los gobernadores civiles, todos gustaban hacer uso de la censura; todo el que podía presionaba al Ministerio de Información para que se intercediera en su favor. Y cada una de las instrucciones a los censores quedaba reseñada en aquel siniestro «libro verde», que recibía ese nombre simplemente porque tenía las tapas de ese color. Así de imaginativos eran los muchachos censores.

El nuevo ministro, que sabía de su existencia, quiso conocer su contenido, y lo subió a su despacho. Y digo lo subió porque este departamento, como corresponde a tan siniestro cometido, estaba en los sótanos del edificio.

Sabiendo cómo es don Manuel, fácil resulta imaginar qué tipo de órdenes e instrucciones descubriría entre sus páginas para confesar que aquello «era algo realmente increíble».

No sólo le sorprendieron las alucinantes órdenes de prohibición —entre otras, de trajes de baño femeninos «con señoras dentro»—, sino otras más serias y preocupantes, «como la increíble prohibición de que se hablase del viaje de novios de don Juan Carlos y doña Sofía que, por esta razón, no empezó (informativamente para España) en Grecia sino en la India» [1].

Y es que, para Franco, el tema de la boda no se había llevado nada bien en lo relativo a la conversión de la princesa Sofía, ya que al no haberse producido ésta antes del 14 de mayo —día en que se casaron—, tuvo que realizarse una ceremonia mixta. Se esgrimía el argumento de que en septiembre de 1961, ocho meses antes de la celebración del matrimonio, don Juan había declarado que primero era preciso resolver la cuestión de la conversión. Así se recogía en el boletín del Consejo Privado del conde de Barcelona, fechado en diciembre de 1961, en el que se publicaba que «la boda tendrá lugar en Atenas entre el 10 de mayo y el 30 de junio próximo, DESPUÉS DE LA CONVERSIÓN AL CATOLICISMO»; conversión que se produjo, como hemos visto, posteriormente.

Sin embargo, esto no era lo que se había dicho al principio. Don Juan lo justificó explicando que la princesa Sofía había solicitado por escrito ser admitida como catecúmena de la Iglesia católica en Atenas. José María Pemán, presidente del Consejo Privado del conde de Barcelona, visitó a la reina Federica en Estoril, donde se encontraba pa-

[1] Manuel Fraga Iribarne, *Memoria breve de una vida pública,* Planeta, Barcelona, 1980.

sando unos días con sus futuros consuegros; ella dio entonces toda clase de seguridades sobre la intención de su hija de convertirse al catolicismo.

Hay que reconocer que la ceremonia ortodoxa no gustó ni al General ni a los consejeros de don Juan, que alegaban que una cosa era que el Vaticano autorizara un matrimonio mixto y otra, muy distinta, el aspecto y las consecuencias políticas que pudiera tener, cuestión que a ellos les preocupaba y a Franco le disgustaba. Ya se sabe aquello de que desde Recaredo...

Este asunto, así como el desaire que había recibido al no ser informado el primero del compromiso oficial, hizo, posiblemente, que no sólo se censurara el viaje de novios de los príncipes, sino que se prohibiese hablar de él, como hemos visto al referirnos al «libro verde».

La luna de miel de los novios se inició, como la de todos los miembros de la familia real británica, a bordo de un yate. En este caso no era, por supuesto, el *Britannia,* sino un yate prestado, *El Criollo,* propiedad del famoso armador Niarchos, contrincante del no menos famoso Aristóteles Onassis. Ambos habían asistido a la boda, aunque sólo a la ceremonia ortodoxa.

Pero como Niarchos también había puesto a disposición de la pareja la isla que —para no ser menos que «Ari»— poseía, Juan Carlos y Sofía pasaron unos días en ella sin que nadie, sorprendentemente, les molestara. ¿Tan poco interesaban?

Hago esta pregunta porque los intrépidos reporteros de entonces, a diferencia de los de hoy, no se detenían ante nada, sobre todo los famosos *paparazzis* italianos. Uno de ellos, Septtimio Garritano, logró fotografiar a Jackie poco después de su boda con Onassis tal y como había venido al mundo, totalmente desnuda, cuando tomaba el sol en la playa privada de su no menos privada isla de Skorpios. El «monte de Venus» y los pechos de la que fuera primera dama de los Estados Unidos, más tarde la viuda más famosa y por aquel entonces la más rica, dieron la vuelta al mundo.

Finalizada aquella primera etapa de la luna de miel, el principesco matrimonio viaja a Roma a fin de testimoniar al papa Juan XXIII su agradecimiento por las facilidades dadas por el Vaticano para que la boda pudiera celebrarse, y para recibir su bendición. La audiencia pontificia, celebrada en la biblioteca de Su Santidad, resultó altamente emotiva. Juan XXIII regaló a la princesa el consabido rosario que, en esta ocasión, parece ser que se trató de un bonito rosario.

En vísperas de la boda, cuando acude a despedirse del General, Juan Carlos le pide un estatuto oficial para sí. A pesar de que Franco no se lo otorga, el príncipe cree que sigue contando con su protección.

> «—¿Qué piensa hacer vuestra alteza? —le preguntó entonces Franco.
>
> »—¿Cuándo?
>
> »—Después de su boda.
>
> »—Hasta ahora todo se ha hecho de acuerdo con usted y mi padre.
>
> »—Ya va siendo Vuestra Alteza mayor de edad.
>
> »—Pero tengo Jefe...»

Este diálogo, recogido por Laureano López Rodó en su libro *La larga marcha hacia la Monarquía* [2], es elocuentemente expresivo. Tristemente expresivo, diría yo. El príncipe, que sabe que es mejor estar a bien con el Jefe, que no es otro que Franco, decide interrumpir un día su luna de miel para visitarle y poder presentarle a la novia que ya es su esposa.

Al General le satisfizo mucho esa deferencia, y con cara de satisfacción así se lo contaba a su primo Franco Salgado-Araujo [3].

> «Después de visitar a Su Santidad el papa Juan XXIII, se vinieron a España a verme. Han estado aquí

---

[2] *Op. cit.*

[3] *Op. cit.*

> y han almorzado con Carmen y conmigo. La princesa habla ya bastante bien español y me ha dicho que se está dedicando a estudiarlo intensamente. Es muy agradable y parece muy inteligente y muy culta.»

Pero el General, que no era hombre claro aunque sí muy intencionado en sus palabras, no cree que este gesto haya salido del príncipe, sino que alguien se lo ha aconsejado. A mi entender se lo inventó, porque al informar a su primo lo hace de la siguiente manera, bastante confusa: «Dicen que fue la reina Victoria Eugenia quien aconsejó este viaje.» [4]

¿Quién lo dice? Lo dice él porque aquella decisión fue tomada por Juan Carlos de acuerdo con Sofía, y solamente por ellos, que ya eran mayorcitos.

---

[4] *Ibídem.*

CAPÍTULO IX

AMOR A PRUEBA DE ZAFIRO

Después de esta visita de temerosa cortesía, los príncipes inician, de verdad, lo que será su viaje de novios, ya tranquilos de haber cumplido con la Iglesia y con el dictador, dueños de su presente y de su futuro, de sus vidas en suma.

El plan es dar la vuelta al mundo. Si no disponen de mucho dinero, al menos sí de mucho tiempo: alrededor de cinco meses. Para mantener el anonimato deciden utilizar los nombres de señor y señora Benet, aunque a Sofía, hija de los reyes de Grecia, le es más difícil pasar inadvertida. Las fotografías de su boda se han publicado en todas partes.

En Europa visitan Mónaco, y allí a los príncipes Grace y Rainiero. En Jordania al rey Hussein, gran amigo de Juan Carlos, y la famosa Petra de los nabateos. En Japón a los emperadores Hiro-Hito y Nagasako. En Thailandia a Bumiphol y Sirikit, así como sus templos. Y también visitan la India y Estados Unidos: Cabo Cañaveral, al presidente Kennedy en Washington, y en Hollywood, Meca del cine, recorren los estudios y saludan a los más famosos actores del momento.

De aquel viaje ha quedado en la memoria de doña Sofía un recuerdo («¡Esa riqueza regia, ese tesoro de los recuerdos!» que decía Rainer Maria Rilke) que permanece aún hoy imborrable. Ignoro si ese recuerdo es enemigo de lo que ella sigue amando, pues hay quien dice que los recuerdos son vientos que inventan tempestades. Pero recuerdos como éste del viaje de novios deberían ser como esos amigos comunes que saben hacer reconciliaciones. Sería mala señal que el recuerdo del gozo ya no fuera gozo mientras que el recuerdo del dolor sí fuera dolor. Que no lo digo yo, que ya lo dijo en su día Lord Byron.

Doña Sofía es uno de esos seres que procura mantener su pasado encerrado en un libro del cual sólo se conoce el título: «Reina de España.»

Este libro pretende ser una especie de lámpara puesta a la entrada de su vida para intentar iluminar una parte, aunque sólo fuera una parte, de las tinieblas que la envuelven.

En el mes de noviembre de 1987, exactamente del 19 al 22, los reyes realizaron su primera visita oficial a Thailandia, país que, como hemos recordado, figuraba en el itinerario de su viaje de novios. Yo les acompañé en el avión real formando parte del séquito informativo. El último día de estancia en el bello y oriental país de Bumiphol y Sirikit, la Embajada de España en Bangkok ofreció una recepción presidida por don Juan Carlos y doña Sofía a todos los españoles que formaban la colonia española en el lejano país del sudeste asiático.

Veintiséis años después, en el mismo lugar donde habían vivido su feliz luna de miel como príncipes o señores Benet y adonde volvían como reyes de España, doña Sofía, con la emoción asomada a sus bellísimos ojos, me hizo una revelación (sorprendente en ella, tan reservada para sus cosas más íntimas y personales, pues piensa que es necesario abstraer el pasado), un testimonio, una confidencia muy expresiva del amor que siempre presidió su vida matrimonial; en aquella ocasión, y con la anécdota que voy a relatar, tanto ella como don Juan Carlos demostraron entonces que sólo hay un remedio para el amor que les unía: amar más.

La Reina me recordó en el transcurso de aquella charla

informal, de la que fue testigo la infanta Cristina, que acompañó a sus padres en el viaje, sus anteriores visitas al país. Porque ésta no era la segunda vez, sino la tercera. Y cada una de ellas había dejado un recuerdo imborrable en su memoria y, sobre todo, en su corazón, aunque el motivo, ¡oh casualidad!, era el mismo.

Alguien dijo que para comprender y amar a Sofía había que descubrirla. Yo la descubrí ese día.

> «Era el año 1962. Nos habíamos casado hacía unos días. Bangkok era una de las escalas de nuestro viaje alrededor del mundo. Y como recién casados que éramos lo realizábamos solos. Eran otros tiempos, muy diferentes a los de hoy, y nuestra situación personal también era diferente. El recorrido turístico por Bangkok lo hicimos sin más compañía que un guía. Ni embajadores ni nadie. Durante uno de aquellos recorridos por la ciudad entramos en una joyería donde descubrimos un hermoso zafiro, que era una belleza, y que quise comprar. Pero después de darle muchas vueltas y hacer muchas cuentas llegamos a la conclusión de que no entraba en nuestras posibilidades económicas. Tanto el príncipe como yo nos quedamos muy tristes. El, porque le hubiera gustado regalármelo. Yo, porque me hubiera gustado haberlo podido comprar.
>
> »Cinco años más tarde, exactamente en 1967, hicimos un viaje privado en compañía de un matrimonio amigo. Entre las ciudades que visitamos se encontraba Bangkok. Aunque parezca increíble, yo no había olvidado aquel zafiro que por motivos económicos no pude comprar cinco años antes y, aprovechando una mañana de compras, a solas con mi amiga, decidí visitar la joyería para ver si aún tenían el zafiro e intentar comprarlo con mis ahorros. Pero cuál no sería mi desagradable sorpresa al ser informada por el dueño de la joyería que dicho zafiro había sido vendido no hacía mucho tiempo. No hizo falta que

me identificara. Me recordaba. Tenía incluso una fotografía nuestra que nos habían hecho en la primera visita. Pero el zafiro no lo tenía ya. Me llevé un gran disgusto. Pero qué le iba a hacer.»

La infanta Cristina, que está presente en la conversación, intenta intervenir porque, al parecer, conoce la historia, pero la Reina no le deja hablar, pues no desea que se rompa la gran carga de suspense que tiene el relato.

> «Aquella misma tarde continuamos viaje hacia Bombay —sigue relatándome la Reina— y, una vez en la ciudad india, el príncipe nos invitó a cenar. A los postres, sacó del bolsillo un estuche que me entregó. Al abrirlo por poco me desmayo, ya que vi, emocionada, que era el zafiro de mis sueños, el zafiro que yo había deseado y perseguido a lo largo de cinco años.
>
> »¿Qué había ocurrido? Muy sencillo y muy hermoso. El príncipe tampoco había olvidado y, aprovechando que yo me había ido de compras, decidió hacer lo mismo y acudió a la joyería, aunque me confesaría después que sin muchas esperanzas de encontrar lo que buscaba. Pero cuál fue su sorpresa al ver que el zafiro seguía allí. Y lo compró con sus ahorros. Fue uno de esos detalles que no se olvidan jamás. En aquel momento lo de menos para mí era ya la joya y su valor, que era considerable. Lo importante es que, después de cinco años, él no lo había olvidado.
>
> »Aquel zafiro que luego monté en un anillo lo conservo como una de las joyas más amadas por su enorme valor sentimental.»

A través de la historia, la belleza de las joyas ha ejercido una mágica atracción sobre la mujer. La reina Sofía no iba a ser una excepción, y, aparte de esa joya de tanto valor sentimental, también tiene otras muchas que no pueden ni deben considerarse como «joyas de la corona», ya que en España no existen tales.

Solamente hay una corona —más que antigua, vieja—, que es la que se colocó, de manera simbólica, cuando la proclamación de don Juan Carlos como Rey (22 de noviembre de 1975) en el antiguo palacio de las Cortes, hoy del Congreso. Se trata de una corona de plata sobredorada de la época de Fernando VI. También se utiliza en los funerales de la Familia Real.

Las joyas que la Reina posee actualmente o son procedentes de regalos familiares o de la herencia de la reina Victoria Eugenia, su antecesora, que ya dejó bien claro en su testamento ológrafo, fechado en Lausanne el 29 de junio de 1963, que sus joyas «desearía, si es posible, se adjudicasen a mi hijo, don Juan, rogando a éste que las transmita a mi nieto don Juan Carlos».

La relación de estas joyas aparecía en un codicilo, también ológrafo, sobre papel, con el membrete de «Vieille Fontaine». Y éstas eran:

—Una diadema de brillantes con tres flores de lis.
—El collar de chatones más grandes.
—El collar con treinta y siete perlas grandes.
—Un broche de brillantes del cual cuelga una perla en forma de pera, llamada «la Peregrina» (?).
—Un par de pendientes con un brillante grueso y brillantes alrededor.
—Dos pulseras iguales de brillantes.
—Cuatro hilas de perlas grandes.
—Un broche con perla grande gris pálido rodeada de brillantes y del cual cuelga una perla en forma de pera.

Todas estas joyas aquí reseñadas las tiene hoy doña Sofía, amén de una diadema floral regalada por Franco con motivo de su boda y que fue estrenada en la gran recepción celebrada en vísperas de la ceremonia, aunque a diferencia de la que el General le regaló a Fabiola, en este caso parece ser que las piedras eran auténticas; además, la Reina posee unos valiosos rubíes de Van Cleef que le regaló el famoso armador Niarchos como presente de boda, y una diadema, realizada por Cartier en 1920 por encargo del rey Alfonso XIII para su esposa y que le correspondió en herencia a su hija, la infanta doña Cristina Marone. En un momento de apuro económico, ésta la quiso subastar, pero don Juan Carlos se la compró pagándola a plazos.

Las pulseras de brillantes le fueron regaladas a la entonces princesa Ena por el rey Alfonso XIII el día de la petición de mano, el 25 de enero de 1906. La madre de Ena, la princesa Beatriz, se la concedió «como madre y con autorización expresa de Eduardo VII, jefe de la casa real inglesa».

El famoso collar de chatones está formado por los brillantes que, de dos en dos, Alfonso XIII regalaba todos los años a su esposa, la Reina, con motivo del cumpleaños. Esta joya, la de más valor, y que puede ser descrita con una sola palabra, «increíble», está montada a la rusa sobre platino.

La diadema de brillantes con las tres flores de lis era la que Victoria Eugenia llevaba el día de su boda y que aparece en el cuadro que le pintó Laszlo.

El collar de las treinta y siete perlas incluye un brillante de cierre y un gran colgante de lazo cuajado de brillantes estilo Luis XV, que lleva en el centro una gran perla, casi esférica, y en otro extremo otra perla en forma de pera, y fue un regalo de esponsales entregado por Alfonso XIII a la reina Victoria Eugenia.

La reina Sofía también podría tener hoy en su joyero el famoso collar de brillantes y esmeraldas que Farah lució el día de su coronación como emperatriz de Irán y que había pertenecido a la reina Victoria Eugenia hasta que lo vendió en Nueva York por un elevado precio: un millón de dólares de los de entonces. El comprador no fue otro que el propio Shah.

Siempre que se habla de las joyas de la reina Sofía, como antes de las de la reina Victoria, aparece indefectiblemente «la Peregrina», la perla más bella que jamás se haya visto. Nadie sabe a ciencia cierta si la auténtica es la que posee doña Sofía o si es la que tiene la actriz Liz Taylor, adquirida por Richard Burton en una subasta en Nueva York en 1969.

«La Incomparable», como también se la denomina, está dotada de un lustre especialísimo, un oriente impresionantemente luminoso y delicado, un nácar exquisito y una forma de pera perfecta. Dicen las leyendas que la descubrió en el siglo XVI en el golfo de Panamá un indio esclavo que la vendió para recobrar su libertad. Pero la historia, sin dar tantos detalles, sólo afirma que fue traída a España desde las Indias durante el reinado de Felipe II, quien la regaló como presente de bodas a María Tudor.

En los retratos reales aparece con frecuencia esta perla histórica: en el que Moro le hizo a la citada María Tudor; en el de Isabel de Valois por Sánchez Coello; en el de Margarita de Austria realizado por Pantoja; en el de María Luisa de Orleans que pintó Carreño. Felipe III también luce «la Peregrina» prendida del emplumado sombrero en el retrato ecuestre del maestro Velázquez, conservado en El Prado, y, más recientemente, figura en el que Madrazo realizó de Isabel II.

Pero, de una manera misteriosa, en cierto momento se perdió el rastro de la célebre perla, que llegó a darse por perdida. Al parece, «la Peregrina» corrió la misma suerte que las demás joyas de la corona de España. Tales joyas, como es sabido, estaban en posesión de Fernando VII, quien las dejó encerradas bajo inventario en el guardajoyas de su palacio al marchar a Bayona. Al ocupar Madrid los franceses, Murat, lugarteniente de su cuñado Napoleón, quiso apoderarse de aquel tesoro, cosa que hizo finalmente José Bonaparte al tomar el poder como Rey.

Existe un documento de singular importancia, el libro *Here, there and everywhere*, de Lord Frederick Hamilton, en el que se hace referencia a la posesión de la espléndida perla por un aristócrata inglés, el marqués de Abercon:

«Murió José I y legó la perla a su sobrino, Luis Napoleón, futuro Napoleón III. Cuando éste estuvo desterrado en Londres, la llevaba consigo. El príncipe era muy amigo de mi padre y había sido su escudero en el famoso torneo de Eglinton. Cierto día llegó Su Alteza a visitar a mi padre y le hizo la confidencia de encontrarse en apurada situación económica, rogándole le proporcionase el nombre de algún joyero honrado que pudiera pagarle por "la Peregrina" el justo precio que él quería. Y al decir esto, extrajo de su bolsillo la perla. Mi padre, después de examinarla atentamente, abrió sin decir palabra una gaveta, tomó una libreta de cheques y, extendiendo uno, lo ofreció silenciosamente al príncipe. Aquella misma noche, regaló la joya a mi madre...»

Esta es la última noticia que, a juicio de los más rigurosos historiadores, puede considerarse fidedigna sobre el paradero de la perla preferida de las reinas de España.

El 23 de enero de 1969 se subastó en la galería Parke-Bernet de Nueva York una magnífica perla que los vendedores anunciaban como la auténtica «Peregrina», explicando que José Bonaparte, al huir de España, la llevaba consigo y que después llegó a manos de un noble británico cuyos herederos la habían cedido a la firma subastadora. Al día siguiente, el duque de Alba, el anterior marido de Cayetana (no el de ahora), que era jefe de la casa de la reina Victoria Eugenia en Lausanne, hizo unas declaraciones oficiales negando taxativamente que la perla subastada en Nueva York fuera la auténtica «Peregrina», ya que ésta se hallaba en poder de la Reina, «depositada en un banco suizo, donde sigue a buen recaudo», comentó el duque. Días después, otro comunicado afirmaba que «en realidad la perla nunca salió de Madrid, en donde la guardaron escondida fieles amigos hasta el retorno de Fernando VII».

De todas formas, digan lo que digan, se escriba lo que se escriba, la viuda de Ansorena, el joyero preferido de los reyes Alfonso XIII y Victoria Eugenia, declaró en cierta ocasión al ser preguntada sobre «la Peregrina»:

> «Mi marido conocía pieza por pieza todo el joyero de la Reina. Y puedo asegurar, categóricamente, que nunca, jamás, vio esa perla. La Reina tenía, eso sí, varias perlas en forma de pera. Mas ninguna era la conocida por ese nombre.»

Entre los regalos más importantes que han ido enriqueciendo el patrimonio privado de don Juan Carlos y doña Sofía, independientemente de las joyas anteriormente citadas, figuran muchos objetos de valor, como una carabela de plata del siglo XVIII, un anillo del siglo V antes de Jesucristo en oro martillado con un camafeo de ágata, diademas, rubíes, un collar de rubíes, un centro de mesa que representa un petrolero en oro macizo, una colección de alhajas, una petaca de jade, tres pulseras de oro con zafiros, rubíes y esmeraldas, un broche de brillantes engarzado en platino y oro blanco, un busto del siglo IV antes de Jesucristo, un relicario de plata dorada del siglo XVII, amén de cuadros de Vázquez Díaz, Dalí, Cossío, Macarrón y otros muchos.

Capítulo X

EL REFUGIO DE LA REINA

Aunque Franco confiesa el 25 de mayo de 1963 que «la princesa es sumamente inteligente y muy culta y tanto ella como el príncipe residen en España por deseo mío, ya que su conducta es irreprochable en todo» [1], lo cierto es que tras el viaje de novios hubo problemas para que los príncipes vinieran a residir a España.

«Primero tuvieron montada una casa en Grecia, luego buscaron piso en Estoril. Pero, por fin, triunfó la tesis de volver a Madrid y de instalarse en La Zarzuela», escribe el ex general Alfonso Armada [2], entonces secretario de don Juan Carlos.

El motivo de estos problemas pudo ser que un grupo de miembros del Consejo Privado de don Juan pretendía que el nuevo matrimonio se quedara fuera de España. Manuel Fraga confiesa que tuvo que hablar con José María Pemán, responsable máximo de ese Consejo, para hacerle ver que aquello era un disparate: «Justamente es el único punto de acuerdo entre el conde de Barcelona y Franco en la

---

[1] Francisco Franco Salgado-Araujo, *op. cit.*

[2] *Al servicio de la Corona,* Editorial Planeta, Barcelona, 1983.

preparación del príncipe.» [3] Fraga llegó a pedir al General que recibiera a Pemán y le convenciera y, aunque parece ser que no le gustó la idea, accedió a hacerlo. Esa conversación «y el oportuno regreso de los príncipes, pero, sobre todo, la acción inteligente de la princesa, allanaron muchas dificultades en El Pardo» [4], recuerda Manuel Fraga.

No aporto nada nuevo en este libro reconociendo, como todo el que la conoce, personalmente o por sus actuaciones, que doña Sofía es una mujer muy inteligente y muy cerebral. Sabe que su papel prioritario es el de ayudar a su marido. Hay quien dice que es una mano de hierro en un guante de terciopelo. Su autoridad y su sentido del mando —porque manda mucho— se sitúan en el primer plano, y aunque es exigente consigo misma lo es también para con los demás. Por si esto fuera poco, está dotada de una inteligencia política admirable. Y, sobre todo, «se toma su oficio muy en serio. Y Dios sabe que no es un oficio descansado (...) doña Sofía nunca olvida que es la Reina», reconoce don Juan Carlos [5].

Resulta curioso que, ante la pregunta de Vilallonga en su libro-entrevista acerca de si la entonces princesa «se sintió rápidamente española», el Rey responda: «Creo que muy pronto se sintió como en su casa.» Lo cierto es que fácil, lo que se dice fácil y cómodo, no se lo pusieron para que así fuera.

El primero de los muchos desaires de que fue objeto (desaires que, aunque infligidos en la persona de su esposo, a ella también le afectaban), tuvo lugar a los pocos meses de haber fijado, por fin, su residencia en España. Esta primera afrenta, esta gratuita humillación, no vino del pueblo sencillo y llano, que no la conocía, ni de la prensa, sino de quienes regían entonces los destinos del país, de quienes, como Franco, habían traído a España a los príncipes.

Fue el 28 de febrero de 1963. Se trataba del primer acto

---

[3] *Op. cit.*

[4] *Ibídem.*

[5] José Luis de Vilallonga, *op. cit.*

público y oficial al que asistía la princesa junto a su esposo después de regresar de su viaje de novios, que, como hemos recordado en páginas anteriores, duró cinco meses. Apenas llevaban residiendo en La Zarzuela, tema del que hablaremos más adelante, unas semanas. El motivo: el tradicional funeral que por todos los reyes de España organizaba Franco coincidiendo con la fecha de la muerte del último Rey, don Alfonso XIII. Como era lógico, dicho funeral estaba presidido por el General y su Gobierno en pleno, siempre con el «adorno» de algún miembro de la familia real: antes de la boda de Juan Carlos, los nietos que residían en Madrid; después de la boda, los príncipes.

Aquel día, la princesa Sofía acudió al monasterio de El Escorial tocada, por primera vez, con la mantilla tradicional que la duquesa de Alba le había enseñado a llevar durante los meses que, a petición de la reina Victoria Eugenia, había permanecido en Tatoi enseñándole costumbres españolas antes de su boda.

Fue una oportunidad de oro perdida para que los españoles la hubieran visto por vez primera en un acto oficial y público. Pero aquel día, precisamente aquel día, tan señalado en el recuerdo de la monarquía que tanto ella como el príncipe encarnaban de cara al futuro, doña Sofía debió de preguntarse con quién se había casado realmente. Cierto es que sabía que ni su esposo ni ella misma tenían estatus alguno dentro de la vida oficial del Estado. Pero a ella le habían dicho otra cosa, o al menos así lo creía. Porque, al ver en la televisión única, en la televisión de Franco, en la televisión del Régimen, el reportaje del funeral, que, por haber asistido el General y todo su Gobierno, tuvo una cobertura informativa de varios minutos, observó con estupor que ni aparecían imágenes de ellos en ningún momento ni tan siquiera se les nombraba de pasada con el socorrido «y asistieron también...».

Manuel Fraga, recién nombrado ministro de Información y Turismo y responsable (¿único?) de la televisión y, sobre todo, de la censura, que también había asistido, ni se había enterado.

«Me lo vino a contar el general Castañón, segundo jefe de la Casa Militar de Franco, que me habló del profundo disgusto del príncipe.» [6] Fácil es de imaginar ese «profundo disgusto», pues Juan Carlos se debía de sentir humillado ante su propia esposa por no entender ella que, siendo un acto oficial en memoria del abuelo de su marido, de los reyes de España cuya continuidad ellos representaban, se les eliminara de aquella forma tan despreciativa. «¿Y éste va a ser el rey de España?», debió de preguntarse.

Manuel Fraga recuerda aquel desagradable suceso:

> «Yo no vi aquel día la televisión. Pero por la tarde vino a verme el general Castañón, segundo jefe de la Casa Militar de Franco y hombre de toda su confianza (más tarde sería jefe de la Casa Militar y ministro del Ejército). Me habló del profundo disgusto de los príncipes. Nunca supe, por su gran discreción, si venía de parte de ellos, por encargo de Franco o por iniciativa propia. Tuve que armar una muy gorda; había en televisión gente que seguía en los choques de 1945; desde entonces no hubo más incidentes de esta clase.» [7]

Lo cual no es del todo cierto, pues tanto la televisión como la prensa del Movimiento, que dependía también de su Ministerio, hicieron todo lo que pudieron para molestar a los príncipes. Pero ésa es otra historia que no viene al caso en este libro dedicado a la reina doña Sofía.

No se sabe si por aislarles de Madrid y su pueblo, o por tenerles a la vista, a tiro de piedra de su residencia oficial, o porque no había otra cosa («que haberlas haylas»), lo cierto es que el General decidió adjudicarles como vivienda un modesto pabellón de caza situado a mitad de camino entre la capital del Estado y el palacio de El Pardo, en el que residían Franco y su familia desde 1941.

---

[6] Manuel Fraga, *op. cit.*

[7] *Ibídem.*

Se trataba de un chalecito de una sola planta construido por Fernando VII en el siglo XVIII y que Alfonso XIII utilizó como refugio en sus cacerías por aquellos montes velazqueños poblados de ciervos, gamos, corzos y jabalíes. Como sólo disponía de una planta, todo salón, se construyó una segunda donde los príncipes instalaron sus habitaciones privadas. La de abajo quedó para dicho salón, un comedor y servicios. Don Juan Carlos se reservó una pequeña estancia para despacho.

El mobiliario procedía del Patrimonio, al que pertenecía también la edificación. Se llegaba por un camino sin asfaltar, lleno de peligrosas curvas y badenes, en el que años más tarde perdería la vida alguien que podía haber sido (lo era entonces), un hombre clave en La Zarzuela: Jacobo Cano. Sofía aportó algunos muebles, muy pocos, de estilo inglés, que había traído de Tatoi, y un biombo lacado en negro con incrustaciones de nácar que compró en Hong Kong durante su viaje de novios.

A diferencia de su madre la reina Federica, a quien le gustaba compartir el despacho con su esposo, el rey Pablo, la princesa quiso tener su propio hábitat, su propia intimidad, como había hecho su antecesora la reina Victoria Eugenia.

Cierto es que La Zarzuela no era entonces, ni lo es ahora, como el Palacio Real, o de Oriente, como se le conoce popularmente. En aquel año de 1963 no era más que un chalecito, aunque después llegaría a ser un palacete. En cambio, lo que se encontró la jovencísima esposa de Alfonso XIII fue un vasto y frío palacio lleno de grandes salones, cámaras y antecámaras y, sobre todo, largos, larguísimos corredores. Ella, la reina Victoria Eugenia, al igual que Sofía, o Sofía igual que ella, construyó su mundo en una salita ubicada en el primer piso, muy distinta del resto del palacio. En este cuartito aparte, al fondo de un pasillo, se encerraba para contestar su correspondencia, para recibir a sus amistades, para practicar su trabajo de aguja, el *petit point*, y, sobre todo, para leer a sus clásicos ingleses y alemanes y a los novelistas eduardinos del siglo XIX. Posiblemente también para defenderse...

Gérard Noël, en su magnífica biografía *Ena, la reina inglesa de España* [8], a la que conoció hasta el extremo de formar parte del círculo de sus amigos más íntimos durante el exilio, escribe que «aquella salita fue algo más que un reconfortante escondrijo. Era un cuarto en el que había pasado muchas horas, largas horas en solitario. Fue allí donde de manera extraña se había desprendido, como mujer, de su papel de reina». La reina Victoria Eugenia, al referirse a esta salita, reconoce que «fue ese cuarto en el palacio el que presenció la historia de mi matrimonio y de mi reinado. En él llegué a crear, dentro de mí, una segunda persona que reía y lloraba a voluntad para dejar que la Reina apareciera siempre tranquila».

En esta salita, el día 14 de abril de 1931, a las 5 de la tarde, entró el rey Alfonso XIII todo demudado para comunicar a su esposa que iba a abandonar España aquella misma noche. Victoria Eugenia le preguntó, temerosa de no recibir la respuesta que deseaba, si podían compartir la última cena... ellos dos a solas. «Era la única comida que iban a hacer juntos, solos, en toda su vida de casados», recuerda Gérard Noël [9] que le refirió la Reina.

Comieron en un silencio casi total. En el momento de la verdad no tenían nada que decirse. «La intimidad normal del matrimonio hacía ya años que no desempeñaba papel alguno en sus vidas.»

En un programa de Jesús Hermida en televisión, a propósito de la crisis de los príncipes de Gales, recuerdo haber dicho que no me gustaría saber un día que nuestros reyes, don Juan Carlos y doña Sofía, tampoco han compartido, a solas, él y ella, frente a frente y en la mayor intimidad, una comida, una cena. ¡Sería muy triste! Pero creo que éste no es el caso, porque el refugio de doña Sofía, el *sanctasanctórum* que se ha creado en la segunda planta de la nueva

---

[8] Editorial Javier Vergara, Madrid, 1991.

[9] *Ibídem.*

Zarzuela, remozada y ampliada (y en la que yo he tenido la oportunidad, la satisfacción de ser recibido un par de veces, una de ellas inolvidable), ha tenido otros cometidos diferentes de los que tuvo el de Victoria Eugenia, entre otros, pienso yo, el de evitar que la Reina pierda su independencia y el de proporcionarle retiro y protección tanto en sus horas más altas como en las más bajas. Porque, aparte de utilizarlo para despachar con su secretaria Laura Hurtado de Mendoza, ofrecer audiencias privadas y leer la prensa nacional y extranjera, así como sus libros favoritos, entre estas paredes inundadas de luz y estucados en un relajante color gris perla y verde manzana (creo recordar) gusta realizar también sus «curas de reposo» escuchando música, que «para mí es la poesía del alma. No podría vivir sin ella».

Ama tanto la música que en estas habitaciones, sus habitaciones, ha instalado un sistema bastante sofisticado que, cuando lo desea, le permite escuchar a sus músicos preferidos en toda la zona privada del palacio, e incluso en la piscina.

Yo siempre he dicho y he escrito que, afortunadamente, el matrimonio de los hoy reyes de España fue la unión no sólo de dos monarquías y de dos personalidades muy diferentes aunque complementarias, sino también la de dos culturas. Françoise Laot [10] escribió que, «mientras Juan Carlos es la carcajada, Sofía es el brillo de la inteligencia».

De sus audiencias en este saloncito se sale exprimido como un limón, tal es su deseo de saber y enterarse. Porque, a diferencia del Rey, que flojea del oído (¿derecho?, ¿izquierdo?), tiene la particular virtud de saber escuchar y comprender.

Doña Sofía recibe a todo el mundo con mucha cordialidad, sin que por ello se convierta en amiga de nadie. Sin embargo, cada uno piensa que ha sido recibido un poco más cordialmente que los otros.

---

[10] *Op. cit.*

Aunque su dulzura y su amabilidad jamás son fingidas, el Rey [11] afirma que:

> «Ella puede cambiar en un segundo si alguien o algo le disgusta (...) No creo que la haya visto nunca abusar de su alta posición en su trato con las demás personas. Le basta con mostrarse un poco fría y distante.»

Cierto es que, después de hablar con la Reina, uno queda enamorado de ella, atraído por su inteligencia y por su fuerte personalidad. Y también por su sonrisa, que transforma su rostro de una manera muy radical. Como en Isabel de Inglaterra, existe, efectivamente, una dualidad en la Reina. La sonrisa expansiva y espontánea que puede, maliciosamente, brillar sobre su rostro es tan cálida como gélida su desaparición repentina cuando menos se espera.

Hay que reconocer que no se puede mantener la sonrisa permanentemente sin experimentar calambres, y que es necesario de vez en cuando relajar los músculos, sin embargo, cuando la Reina deja de sonreír algunos pueden pensar que se debe al mal humor. Este tema no es tan baladí e intrascendente como pueda creerse. Y yo me alegro de haber coincidido con MacMillan, nada menos, quien, cuando era primer ministro, abordó un día el problema de la sonrisa de la Reina; del mismo modo, yo me atreví a publicar un artículo en el desaparecido *El Independiente* titulado «Majestad, sonría por favor». MacMillan (como relata Bertrand Meyer en *La Corte de Buckingham. De la Reina Victoria a Isabel II* [12]) confió un día a un miembro de la Familia Real: «¿No sería posible solicitar a la Reina que se mostrara menos solemne y que sonriera de vez en cuando?»

Otro detalle que recuerda a la reina Isabel cuando observamos a la reina Sofía o viceversa es que ambas suelen girar su alianza con el dedo pulgar. La de Inglaterra, dicen,

---

[11] José Luis de Vilallonga, *op. cit.*

[12] Javier Vergara, Madrid, 1992.

lo hace cuando está a punto de enfadarse. La de España, por costumbre, pienso yo.

Anteriormente nos hemos referido a las diferentes personalidades de Sofía y Juan Carlos, tanto en su forma de ser y de comportarse como en sus culturas, diferencia que no sólo se aprecia en el tipo de lectura que cada uno prefiere sino, y sobre todo, en la música. Yo siempre he dicho que mientras la afición musical del Rey empieza por los cuplés y termina en las rancheras mexicanas, la de la Reina comienza en Bach. Y de ahí para arriba. No me lo estoy inventando. En una de las cartas a la condesita Olghina de Robilant, a la que nos hemos referido al comienzo del libro, Juan Carlos le escribe: «Tengo un disco de Sarita Montiel que es fenomenal, de la película *El último cuplé.* A lo mejor lo llevo a Rapallo y lo oímos juntos, ¿quieres?»

En otra de las cartas reproducidas por *Oggi* incluye la siguiente cita «literaria»: «Cuando se quiere de veras / como te quiero yo a ti / es imposible mi vida...», que como todo el mundo sabe no es precisamente ni de Aristóteles ni de Platón, sino la letra de un conocido bolero mexicano.

Ignoro qué música les gustaba a los condes de Barcelona y qué se escuchaba en Villa Giralda. Lo que sí se sabe es que toda la familia real griega adoraba la música.

«Nuestro músico favorito es Bach», confesaba la reina Federica, cuyo esposo, el rey Pablo, era un gran pianista, cualidad que heredó su hija Irene. Esta llegó a dar conciertos y, al igual que Sofía, no se cansaba de oír *El Mesías* de Haendel, que ambas «pueden cantar desde el principio al fin». Doña Sofía ha confesado en alguna ocasión que su obra predilecta es *La Pasión según san Mateo.*

De todas formas, y a pesar de la cultura cuartelera del Rey, hay que reconocer que siempre le faltará a la Reina ese encanto sorprendente, desenfadado y desenfrenado de don Juan Carlos, que transforma los corazones y los espíritus y que hace que hasta un comunista o un republicano que le visite salga convertido, como mínimo, en un apasionado juancarlista. Que no es poco.

Capítulo XI

PARTOS SIN DOLOR

El día 7 de noviembre de 1906 la reina Victoria Eugenia escribía a su prima y confidente la princesa de Gales, más adelante reina María, esposa de Jorge V, algo así como la Tatiana Radziwill de doña Sofía: «Quizá mamá te haya dicho que estoy encinta y, por lo tanto, no puedo disfrutar tanto de la vida como antes.» A principios del mes siguiente todo el mundo sabía que la reina esperaba su primer hijo. Desde ese momento, «la reina hermosa» recibió una oleada de apoyo popular, aunque a la corte aquel embarazo le produjera un agudo sentimiento de inquietud.

Los Borbones no habían sido lo que se dice excesivamente pródigos en varones. Fernando VII, ninguno. Isabel II, sólo uno, Alfonso XII, y éste también uno y póstumo, Alfonso XIII.

Con este primer embarazo llegó también el primer sufrimiento, y a la Reina se le pusieron los nervios a flor de piel. ¿Y si no era varón? No sólo se ordenaron plegarias y misas en la capilla real sino que se tomaron toda clase de medidas para que no se malograse su estado: nada de auto, por los mareos y las náuseas, aunque sí carruaje, aunque no sé qué sería peor.

El 10 de mayo de 1907 Victoria Eugenia tuvo los primeros dolores del parto. Y se preparó a parir con todo el dolor del mundo. «Ahora verán de lo que es capaz una inglesa», se dijo. Y como no la anestesiaron, creyó morir de tanto dolor.

Según los cronistas de la época, y sobre todo su biógrafo Gérard Noël, el parto duró nada menos que doce horas.

Presentes en el momento del alumbramiento estaba el Rey y la Reina madre María Cristina, que cada vez que Victoria Eugenia se quejaba le decía: «Nosotras, las españolas, no gritamos cuando traemos un rey al mundo.» También fueron testigos la princesa Beatriz de Battenberg, madre de la parturienta, y, como es natural, el médico-ginecólogo de la Reina, doctor Eugenio Gutiérrez, a quien el Rey concedió el título de conde de San Diego, el doctor Bryden Glendinning, médico inglés de la familia, y una enfermera, Mrs. Green, que lo era de la princesa de Gales.

A diferencia del tristemente inolvidable día de la conversión de la Reina, presentes en la alcoba no estuvieron el presidente del Gobierno, que pudo haber estado porque tenía derecho de asistencia al real alumbramiento, ni ningún otro personaje que también lo tuviera. Todos aguardaron la noticia en el salón del Consejo, cerca de las habitaciones de la Reina. Esta se produjo cuando, a la una menos veinte de la tarde —el parto se había iniciado a las dos de la madrugada—, el rey Alfonso XIII, que vestía un uniforme de capitán general y llevaba en el pecho la medalla de Carlos III, entró en la sala llevando sobre una bandeja de plata a su hijo y heredero, que aparecía totalmente desnudo para que se pudieran ver sus atributos; un niño, al parecer sano y robusto, que pesaba cuatro kilos.

El primer ministro, don Antonio Maura, gritó: «¡Tenemos un heredero! ¡Viva el Rey!» Aquel niño sería el príncipe de Asturias y se llamaría Alfonso, como su padre. Días después se supo que el niño padecía hemofilia. Pero ésa es otra historia.

Si en el mundo existe una institución que respete la tradición, ésta es la institución monárquica. Cada vez que se produce algún acontecimiento trascendental, como puede ser una coronación, un entierro o una boda, se desempolvan legajos, se consultan archivos, se estudian los antecedentes de protocolo, se observan pinturas y grabados. En suma, se recurre a la historia.

Sin embargo, la tradición, bella pero poco práctica, se arrincona, se destierra y se olvida, por fortuna, en algunos casos. En particular, en éste que nos ocupa. Porque, si hemos recordado el parto, brutal, inhumano y desconsiderado, de la reina Victoria Eugenia no ha sido gratuitamente, sino con el deseo de que el lector conozca cómo, después de medio siglo, quien había de suceder en el trono a aquella hermosísima pero desgraciada Ena, «la Reina inglesa de España», pasaba por el mismo trance, el de dar a luz a su primer hijo.

Quizá los años transcurridos entre ambos nacimientos, cincuenta y seis, no sean muchos. Y menos para una institución milenaria. Pero las formas fueron, afortunadamente, tan abismales que se nos hace difícil entenderlas, e incluso aceptarlas. Porque Victoria Eugenia y Sofía representaban en ese trance las caras de una misma moneda: el parto de una reina de España.

En marzo de 1963 la princesa se quedó embarazada. La primera persona, fuera del entorno familiar, que supo que doña Sofía se encontraba en estado fue, sorprendentemente, Laureano López Rodó [1]. Este confiesa que don Juan Carlos le hizo este regalo «en prueba de gran confianza», que mucha debía de ser. Y no sólo le dio la noticia, sino hasta la fecha aproximada del nacimiento: «Para finales de diciembre o comienzos de enero.»

El que fuera ministro del Plan de Desarrollo del Régimen revela que el embarazo de la futura Reina no se produjo en el mejor momento, ya que en aquellos días «la presión antimonárquica» no sólo era grande, como lo había venido siendo, sino que arreciaba. «Personas influyentes pretendían, incluso, que había que someter a referéndum la forma de gobierno», dice el cualificadísimo miembro del

---

[1] *Op. cit.*

Opus Dei, referéndum que, como se ha indicado al comienzo del libro, nunca tuvo lugar.

Aquellos años de 1962 y 1963 no eran precisamente años felices para España. Sus personajes y sus acontecimientos eran el padre Peyton y su cruzada del rosario, las campañas de las mantas de Boby Deglané, los «populares» de *Pueblo,* la negociación de las bases con Estados Unidos, Landelino Lavilla y su promoción de Alfonso de Borbón, la creación del Tribunal de Orden Público, la encíclica *Pacem in terris* de Pablo VI, el triste caso de Grimau y la presión internacional, los primeros de mayo sindicales en el Bernabeu, la prohibición de *Viridiana* de Buñuel y *El verdugo* de Berlanga en el Consejo de Ministros, las entrevistas Franco-Salazar, la llegada del brazo de san Pablo a Madrid... y el problema «inminente» de la edad del General, de la que nadie quería hablar en serio, según Fraga. ¡Habían de pasar nada menos que trece años para que de él no se hablara ni en broma ni en serio!

Como ciudad, Madrid no se parecía nada al Madrid de hoy. No es que fuera más bonita, que nunca lo ha sido, pero sí más habitable, más cómoda, menos demencial urbanísticamente hablando. Entre las avenidas, esas vías anchas con árboles a los lados, como se definen en el diccionario de la Real Academia, se encontraba la de la Reina Victoria, en el populoso barrio de Cuatro Caminos, que no sólo tenía árboles a un lado y a otro, sino hasta un hermoso bulevar en el centro que aún conserva en el último tramo, del que arranca la avenida de La Moncloa. Aquí, en estos doscientos metros finales, existían dos chalecitos, propiedad de dos conocidos ginecólogos, los doctores Luque y Blanco, que decidieron unirlos para crear, ante el notario Casanueva Orjón, la primera clínica privada especializada, cuyo nombre sería Clínica de la Concepción. La fecha no es precisamente muy feliz: 1936.

En 1964, don Alfredo Mahou, el de las cervezas, adquiere la clínica y la transforma en un gran edificio, manteniendo el mismo nombre. Tres años después, el doctor Jiménez Díaz inaugura un gran centro clínico en la plaza de

Cristo Rey al que bautiza también con el nombre de Clínica de la Concepción y que adquiere pronto un gran prestigio. Como es lógico, se entabla un pleito entre la antigua clínica de la avenida de la Reina Victoria y ésta de nueva creación que ha usurpado el nombre.

El doctor Jiménez Díaz pierde, pero don Juan Jorge Girod, el de los relojes, que ha adquirido la empresa al señor Mahou, le cede generosamente los derechos para que pueda utilizar el nombre que sigue manteniendo aún hoy.

La antigua Clínica de la Concepción pasa a llamarse Clínica de Nuestra Señora de Loreto, virgen bajo cuya protección desarrollaban su función de auxiliares las religiosas de la comunidad de la Sagrada Familia de Burdeos, que ocupaban la planta once del edificio. En esta clínica, dotada de todos los adelantos quirúrgicos y de maternidad, donde han nacido más de cincuenta mil niños, un 20 de diciembre de 1963 la futura reina de España da a luz a su primer hijo, una niña. Se rompía así la tradición de la familia real española, cuyas mujeres, desde las reinas a las infantas, parían siempre en el propio palacio, asistidas por tocólogos y matronas y rodeadas de toda la parafernalia que la tradición había impuesto. Pero, por muy reinas que fueran las parturientas, sus partos no dejaban de ser caseros.

El lector se preguntará por qué se eligió precisamente esta Clínica de Nuestra Señora de Loreto y no otras tan prestigiosas o más. Simple y sencillamente porque el ginecólogo de la entonces princesa Sofía, el doctor don Manuel María de Mendizábal y Amézaga, operaba allí.

El doctor Mendizábal era entonces lo que se dice una estrella en la especialidad, y su prestigio traspasaba las fronteras. Se trataba de un joven médico que había nacido en 1912 en la localidad vizcaína de Santurce. Aunque en su familia no se conocían antecedentes en la profesión (era hijo de un prestigioso abogado) quiso estudiar medicina, y para ello se trasladó a Madrid. En la vieja facultad de San Carlos no sólo cursó sus estudios, sino que se doctoró en la especialidad de obstetricia y ginecología, por un curioso motivo: su mejor amigo y compañero era Pepe Botella Llusiá, hijo del doctor Botella, cuyo prestigio heredó. El doctor Mendizábal comenzó a trabajar en la maternidad de Mesón de Paredes, conocida como la Casa de la Madre de Auxilio Social, de la que luego sería su director nada menos que durante treinta años.

Posteriormente operaría durante tres años en la Clínica de San Francisco de Asís, en la calle de Joaquín Costa, y más tarde en la Clínica de Loreto. Allí operaba, y en el paseo de la Castellana tenía su consulta. Como resumen de su vida profesional no puedo por menos que recurrir al siempre elocuente lenguaje de los números: seis mil ochocientos han sido los niños y niñas que el doctor Mendizábal ha traído al mundo, ha ayudado a nacer. Entre ellos, los tres hijos de los reyes de España.

Hoy ha cumplido ya los ochenta años y, aunque otro Mendizábal continúa la estela que dejó el bien hacer de su padre, muchas son todavía las madres y embarazadas que siguen llamando a la puerta de su casa, en el número 28 del paseo de la Castellana.

En aquella consulta, que es también su hogar, se recibió un día de 1962 una llamada telefónica procedente del palacio de La Zarzuela. Como consecuencia de aquella llamada se concertó una cita con doña Sofía.

¿Quién le había recomendado ese médico? La entonces esposa del embajador de Grecia en España, que conocía su prestigio y deseaba para la hija de los reyes Pablo y Federica el mejor especialista. Y no se equivocaba. Desde aquel día, una paciente más de las muchísimas que tenía el doctor Mendizábal llegaba todas las semanas, incluso dos veces por semana, a su consulta.

«Al igual que sucede con princesas y ex reinas extranjeras, y todas las mujeres españolas en las cuatro últimas décadas, que habían tendido cada vez más hacia la clínica, doña Sofía inaugura en nuestra patria esta sistemática que vemos reiterarse en sus tres maternidades como testimonio de modernidad y buen sentido», escribe el doctor Enrique Junceda Avello, jefe del departamento de Obstetricia y Ginecología del Hospital Central Universitario de Asturias, profesor titular de la misma materia en la Facultad de Medicina de Oviedo y autor, entre otras, de una deliciosa e importante obra titulada *Ginecología y vida íntima de las reinas de España* [2], que he conocido gracias al doctor Mendizábal, quien me la ofreció como regalo.

A diferencia de su antecesora, la reina Victoria Eugenia, que parió con dolor como ordena la Biblia, doña Sofía se sometió previamente a las sesiones de «preparación psico-física para el parto sin dolor» que, dos veces por semana, dirigía el doctor Mendizábal.

El día 20 de diciembre de 1963, viernes, la noticia más importante que recogía la prensa era la de un plebiscito en Guinea. A primeras horas de aquella mañana la princesa ingresó en la habitación 110 de la sexta planta de la Clínica Nuestra Señora de Loreto, habitación que se encontraba preparada desde hacía una semana. Al parecer la madre tenía los primeros síntomas propios de un parto inminente. La acompañaban su madre, la reina Federica, que desde hacía varios días se encontraba en el palacio de La Zarzuela, y también don Juan Carlos. Momentos después del ingreso llegó a la clínica la infanta doña Cristina Marone, hermana de don Juan y tía del príncipe, que en su calidad de enfermera deseaba estar en el quirófano, a lo que accedió el ginecólogo.

Aunque la ciencia había dado un salto espectacular en comparación con la época de la reina Victoria Eugenia, en este terreno, el de la obstetricia y ginecología, el progreso científico se reducía a una mejor asistencia, por llevarse a cabo los partos en centros hospitalarios.

Por supuesto, no había entonces posibilidad de conocer, previamente, el sexo de quien iba a nacer, como ocurre, afortunadamente, hoy. No olvidemos los antecedentes históricos de los Borbones en esta materia, pues la familia, como hemos referido, no era, precisamente, muy prolija en varones. Y ya se sabe que para un futuro rey un hijo varón es una garantía de continuidad de la dinastía.

---

[2] Ediciones Temas de Hoy, Madrid, 1992.

Ello puede explicar el nerviosismo y la ansiedad añadida tanto del príncipe como de la princesa.

Cuando llegó el momento, poco después de la una de la tarde, doña Sofía fue trasladada desde la habitación al paritorio, situado en la planta baja de la clínica. Presentes durante el parto en el quirófano estuvieron el doctor Mendizábal y su equipo, formado por el doctor Olmedo y la matrona, doña Elvira Morera, así como dos enfermeras y la infanta Cristina. También se encontraban presentes a la hora de alumbramiento el médico de cabecera de la familia real griega, doctor Dioxades, que conocía muy bien a la parturienta por haberla tratado desde la infancia, así como a los hermanos de la princesa, Constantino e Irene. No hay que olvidar que cuando dio a luz la reina Victoria Eugenia también fue deseo de su madre que estuviera el médico de la familia, en aquella ocasión el doctor Glendinning, al que ya nos hemos referido anteriormente.

En la salita contigua al paritorio no estaban presentes, como cuando dio a luz la última reina de España, ni el presidente del Gobierno, que entonces ni lo había (en España sólo mandaba el General), ni ninguna otra personalidad que, por no haberse derogado el derecho de asistencia real al alumbramiento, pudiera haber asistido. Quienes sí estaban allí eran el príncipe don Juan Carlos y la reina Federica, invadidos ambos por el lógico y natural nerviosismo.

A diferencia del parto de Victoria Eugencia, que duró nada menos que doce horas, en esta ocasión fueron tan sólo veinticinco minutos. El primer hijo de los futuros reyes de España resultó ser niña: nacía «con toda felicidad» según el parte oficial hecho público a las 14.10 horas del día 20 de diciembre de 1963.

Aunque se ha publicado en alguna ocasión que fue el doctor Mendizábal quien dio la noticia del nacimiento al príncipe y a la reina Federica, esto no es cierto. «Yo tenía cosas más importantes que hacer, como atender a la madre», me diría. «Fue la infanta doña Cristina quien, tomando a la niña en brazos, salió del quirófano para mostrársela a su padre y a su abuela.»

El príncipe telefoneó a Franco para darle la noticia. También llamó a Estoril, donde se encontraban sus padres y hermanas. Como consecuencia de esta llamada, sería el duque de Alburquerque, jefe de la casa de Su Alteza Real el conde de Barcelona, el encargado de hacer público, con un comunicado oficial, el feliz acontecimiento. Así andaban las cosas en aquella época. No obstante, y como reconoce López Rodó, sí que hubo «gestos significativos» del Régimen para la institución monárquica con motivo de este primer nacimiento. El más importante, y posiblemente el único, fue permitir, tan sólo para el día del bautizo, que don Juan regresara de su exilio para apadrinar a su nieta.

En este terreno, el de la maternidad, existe una gran diferencia entre las dos últimas reinas de España, doña Victoria Eugenia y doña Sofía. La primera llegó a ser tan prolífica que en el Madrid de entonces, incluso en la corte, se cantaba la siguiente coplilla:

Un mes de placer,
ocho meses de dolor,
tres meses de descanso
y en marcha otra vez.
¡Oh, qué vida es la vida
de la Reina de España!

En tan sólo siete años, de 1907 a 1914, Victoria Eugenia dio a luz a siete hijos (10 de mayo de 1907, Alfonso; 23 de junio de 1908, Jaime; 22 de junio de 1909, Beatriz; 20 de mayo de 1910, un niño que nació muerto; 12 de diciembre de 1911, Cristina; 20 de junio de 1913, Juan, y 13 de octubre de 1914, Gonzalo).

La segunda y actual soberana, mucho más moderada, en cinco años dio a luz a tres hijos (20 de diciembre de 1963, Elena; 13 de junio de 1965, Cristina; y 30 de enero de 1968, Felipe).

No una, sino muchas han sido las veces que he oído la siguiente pregunta: «¿Por qué no ha tenido la Reina más hijos si le gustan tanto los niños?» Simple y sencillamente porque, como muchas, muchísimas mujeres, pensó que con tres estaba ya bien. Por nada más. Que así me lo ha confirmado su ginecólogo, el doctor Mendizábal.

El nacimiento del segundo hijo de los hoy reyes de España, el 13 de junio de 1965, se desarrolló de igual forma que el primer parto. El mismo médico, la misma clínica, la misma habitación. Y para que nada fuera diferente, volvió a ser otra niña, que fue bautizada nueve días después como Cristina, más esa retahíla de nombres que entonces se solía poner a los bebés, empezando por el obligado María, por aquello de la Virgen. En este caso se incluyeron además los de Federica, por su abuela materna; Victoria, por la bisabuela paterna; Antonia por el santo del día, y Santísima Trinidad, «según tradición de la familia real española».

El acontecimiento de esta segunda hija apenas tuvo relieve. No figura ni siquiera en el diario de Manuel Fraga o en las memorias de López Rodó, que, como he referido anteriormente, fue feliz depositario de la noticia del primer embarazo.

Según el doctor Mendizábal, el nacimiento de la segunda niña no defraudó excesivamente a los príncipes, aunque es fácil de suponer que un varón les habría colmado de felicidad. La princesa se sintió preocupada pues ella había sido la primera hija que tuvo su madre, la reina Federica; el segundo hijo fue un varón, Constantino, el heredero; y a continuación llegó otra niña, Irene. Pero no había que alarmarse. Sólo había que intentarlo otra vez.

Capítulo XII

«MACHOTE, COMO SU PADRE, MI GENERAL»

Transcurrirían veintidós meses, casi dos años, desde el nacimiento de Cristina (13 de junio de 1965) hasta que en el mes de abril de 1967 se supiera que la princesa estaba de nuevo en estado. Estoy seguro de que, en esta ocasión, varón deseaban los padres, y varón los abuelos, que no podían menos de preguntarse: «¿Y si es otra niña?»

Interesado en que fuera varón también estaba el General. Sobre todo, con vistas a sus proyectos. Por aquel entonces la pelota de la sucesión estaba en el tejado. Y no uno, ni dos, sino hasta tres eran los nombres que Franco manejaba de cara a un futuro más o menos lejano. El nacimiento de ese varón, como veremos más adelante, no era tan sólo un deseo caprichoso, sino una necesidad.

¡Qué pena que entonces no hubiera sido posible el diagnóstico prenatal del sexo fetal mediante la ecografía! Ello hubiese evitado muchas tensiones no desprovistas de cierta inquietud.

El embarazo de la princesa Sofía se desarrolló entre los siguientes acontecimientos de aquel difícil y complicado año de 1968: cierre de la Facultad de Ciencias Políticas y Económicas; insistencia de Franco en la renuncia del conde de Barcelona; algaradas estudiantiles; detención de

Aranguren; muerte de Azorín; golpe de Estado de los coroneles en Grecia y aquella frase de Franco: «Me lo estaba oliendo»; boda de la infanta Pilar en Lisboa; viaje de Pablo VI a Fátima; Guerra de los Seis Días entre judíos y árabes; intento de supresión de la minifalda por parte del vicario general castrense, monseñor Muñoyerro; cese de Muñoz Grandes como vicepresidente del Gobierno; un salario mínimo que se elevaba a noventa y seis pesetas cuando el precio del dólar era de setenta; nombramiento de Carrero Blanco como vicepresidente; nuevo golpe fallido en Grecia y pérdida del trono por Constantino. «Fue uno de los años más difíciles, complicados y frustradores», según Fraga [1].

Entre estos acontecimientos que hemos recordado tan sucintamente hubo uno que pudo haber malogrado la maternidad de la princesa: el golpe militar de los coroneles y la caída de la monarquía en Grecia, con la consiguiente huida del rey Constantino y su familia, incluida la reina Federica, a Roma. Tan dramática, imprevista y repentina debió ser esta caída, que incluso el propio rey Constantino huyó de noche, sólo con lo puesto. El sábado 16 de diciembre su cuñado, el príncipe Juan Carlos, tuvo que enviarle ropa suya a la capital italiana ya que ambos eran de talla y tipo muy parecidos.

Por aquel entonces, mediados de diciembre, doña Sofía se encontraba en el octavo mes de su embarazo. Ese terrible acontecimiento político que tan brutalmente golpeaba a las personas que ella más amaba del mundo le produjo un profundo dolor para el que no encontraba consuelo, al verse imposibilitada de estar junto a su familia por múltiples razones.

El día 30 de enero doña Sofía entraba en la Clínica Nuestra Señora de Loreto por su propio pie, como lo había hecho en las anteriores ocasiones. A las doce de la mañana descendía de su habitación para dirigirse al paritorio, acompañada de su madre y de su esposo, el príncipe. Treinta minutos después daba a luz. Aunque la expulsión

---

[1] *Op. cit.*

duró exactamente veinte minutos, la hora que ha quedado registrada ha sido la de las 12.45. «Una vez más se confirmaba el buen pronóstico que el parto tiene siempre en la tercípara, al menos estadísticamente», según explica el doctor Junceda Avello [2].

Resulta fácil de imaginar la tensión y el nerviosismo que se vivieron en esta ocasión. Y la indescriptible alegría que se apoderó tanto de don Juan Carlos como de la reina Federica cuando vieron, con sus propios ojos, que el recién nacido era el esperado varón, el ansiado heredero. «Mi alegría es enorme por este primer varón de mis hijos, alegría que siente toda la familia», dijo emocionado el padre. No fue fácil localizar a la familia, sobre todo a los abuelos paternos, que se encontraban realizando un viaje privado por Estados Unidos.

La reina Victoria Eugenia, bisabuela del recién nacido, recibió la noticia, de parte del príncipe, en Montecarlo, donde se encontraba pasando el invierno por invitación de la princesa Gracia de Mónaco, que sabía del intenso frío que por aquellas fechas hacía en Lausanne y que tanto perjudicaba a su salud. La última reina de España se sintió muy feliz al saber que los príncipes habían tenido un hijo. Su nieto le había convencido de que si era varón tenía que ser ella la madrina. Ello suponía su regreso al país del que fue Reina —desgraciada Reina, como desgraciada esposa y desgraciada madre— durante veinticinco años, de 1906 a 1931, y del que se encontraba exiliada desde hacía nada menos que treinta y siete (de 1931 a 1968). Ignoro qué pudo ocurrir o qué pudo sentir doña Victoria Eugenia durante aquellos cinco días, cinco tan sólo, que permaneció en España para amadrinar a su biznieto. Cuando yo la entrevisté en su residencia «Vieille Fontaine», un mes antes de su muerte, quedé confundido al oírle decir: «Yo nunca debí haber vuelto.» Pero volvió. Como también volvió su hijo, el conde de Barcelona, antes que ella, para apadrinar a la infanta Elena. Y es que el exilio hasta la muerte es muy

---

[2] *Op. cit.*

duro de sobrellevar. Su interrupción, cuando el motivo que obliga a ello todavía existe, debe de dejar un sentimiento amargo de frustración y debilidad que persigue hasta el final de los días. Este sentimiento debió de tener la reina Victoria Eugenia, tan orgullosa ella, cuando me hizo tal confidencia. Posiblemente pensaba, como el rey Simeón de Bulgaria, que un rey en el exilio no puede regresar a su país nada más que como tal, y nunca como turista. Con ese sentimiento de haberse equivocado, una vez más, murió.

Volviendo al nacimiento del primer hijo varón de doña Sofía, resulta curioso conocer la preocupación que el General también sentía ante este acontecimiento (no se cumplirían dieciocho meses antes de que, el 22 de julio de 1969, nombrara a Juan Carlos como sucesor suyo a «título de Rey»). Esa preocupación se puso de manifiesto en la pregunta que le hizo al príncipe cuando éste le telefoneó al palacio de El Pardo a los pocos minutos para informarle:

—¿Ha sido machote? —le preguntó.

—Sí, mucho, mi General, como su padre —le contestó el príncipe.

Dicen que sólo le preocupaba saber eso, que había sido varón. Y que incluso se olvidó de preguntar por la madre.

La supeditación de don Juan Carlos y doña Sofía a Franco (no en vano era el «jefe») llegaba a tales extremos que tanto la fecha del bautizo como el nombre que había de imponérsele al niño le fue consultado, lo cual, hoy día, conociendo como conocemos a la reina Sofía, resulta difícil de entender. Y no lo digo yo, que podría decirlo, sino López Rodó en su obra *La larga marcha hacia la Monarquía* [3]:

> «A los dos días del nacimiento fue el príncipe a El Pardo para concretar los detalles del bautizo y de la venida de la reina Victoria, que iba a ser la madrina. Don Juan Carlos dijo a Franco que había fijado la fe-

[3] *Op. cit.*

> cha del jueves, día 8, para el bautizo, sabiendo que el día 6 iba el Generalísimo a Almería y el 9 habría Consejo de Ministros. Hablaron de la elección del nombre, que ya anteriormente había comentado con Franco. Prefirieron que se llamara Felipe, no Fernando. "Fernando VII está todavía muy cerca —dijo Franco—, los Felipes son más antiguos".»

Ante esta referencia de López Rodó, sobre todo cuando, refiriéndose al nombre que se le iba a imponer, escribe «prefirieron», cabe preguntarse hoy quién era el que prefería, quién impuso su voluntad para que el niño fuera bautizado con el nombre de Felipe y no con otro que quizá la madre, la princesa Sofía, tenía ya elegido previamente. ¿Volvía aquí a repetirse la historia de su propio nombre, que, como hemos recordado, debía haber sido Olga, elegido por la reina Federica, y no el de Sofía? Pero hay una gran diferencia: el que lleva hoy la Reina se adoptó por voluntad popular, siguiendo la tradición. El de Felipe se eligió simple y sencillamente porque al General le gustaba. ¿Qué tendría contra Fernando VII? No hay la menor duda de que el oscurantismo de Felipe II, si es que pensó en este Felipe, tuvo que atraerle más. Fuera por lo que fuere, lo cierto es que en este asunto tan íntimo y familiar Franco también impuso su voluntad.

Siempre quedará en la sombra del desconocimiento si doña Sofía aceptó de buena o mala gana ese nombre. Por aquello de tener la fiesta en paz, aquel niño que años después sería proclamado príncipe de Asturias (era el primer heredero con tal denominación desde hacía nada menos que sesenta y un años) recibió en su bautizo el nombre de Felipe. También fue llamado Alfonso, por su bisabuelo paterno; Juan, por su abuelo paterno; Pablo, por el abuelo materno, y Todos los Santos por la misma tradición por la cual las niñas llevan el de la Santísima Trinidad.

Para dar fe del nacimiento de este niño que un día será el rey número cuarenta y cuatro desde don Pelayo con el nombre de Felipe VI y poseerá, como su padre, los títulos históricos de veinticuatro reinos, quince ducados, cinco principados, seis marquesados, veintidós condados y doce señoríos, además de todos los linajes españoles desde Fernando I de Castilla, en el vestíbulo de la Clínica de Nuestra Señora de Loreto sólo se encontraba una docena de periodistas, entre ellos el autor de este libro, que brindamos junto al feliz padre con una copa de sidra El Gaitero. Para dar una idea del conocimiento popular que los españoles tenían del príncipe, basta recordar que el pie de la fotografía (incluida en este libro) tomada en ese brindis, que fue distribuida por la agencia Europa Press, explicaba quién era quién en la España de Franco:

> «JUAN CARLOS BRINDA POR SU HIJO CON LOS PERIODISTAS. (E.P.) Enero, 30, Madrid. Don Juan Carlos de Borbón *(mirando a la cámara)* brinda con los periodistas asistentes a la rueda de prensa en la que anunció que a su primer hijo varón, nacido esta mañana, se le impondrán los nombres de Felipe-Juan-Pablo-Alfonso (Telefoto Europa Press).»

Si analizamos este simple pie (no tan simple), llegamos a varias conclusiones. En primer lugar, que don Juan Carlos no era entonces un personaje excesivamente conocido por los españoles, ya que fue necesario llamar la atención del lector para que supiera que el príncipe era el que miraba a la cámara. Y lo segundo y más importante, que contradice lo que cuenta López Rodó en sus memorias [4] sobre que «a los dos días del nacimiento fue el príncipe a El Pardo para concretar los detalles del bautizo (...) y hablaron de la elección del nombre...». Este comentario del ex ministro y destacado miembro del Opus Dei está en franca contradicción con el citado pie de la foto de Europa Press, transmitida el mismo día y a las pocas horas del nacimiento del primer hijo varón y heredero de don Juan Carlos, que,

[4] *Op. cit.*

como queda reflejado en el texto, ya sabía los nombres que iba a imponer a su hijo.

O López Rodó miente o se equivoca de fechas, algo muy difícil en una persona que ha hecho del rigor su vida oficial y privada. Yo preferiría que mintiera y así poder pensar que el tema de los nombres fue exclusiva decisión de Juan Carlos y, sobre todo, de Sofía, que no sólo manda mucho sino que en esto debió mandar todo.

Al recordar este feliz acontecimiento en sus memorias [5], don Manuel Fraga dice:

> «Viernes 26 a martes 30. La semana siguiente fue importante. Nació el primer hijo varón de los príncipes, don Felipe, hoy príncipe de Asturias. Monseñor Escrivá, fundador del Opus Dei, reclamó, con sorpresa general, un título de marqués. Fuerte sequía. Yo con un poco de gripe. Pésimas noticias de Vietnam.»

El día 8 de febrero a las 6.30 de la tarde tuvo lugar el bautizo en el palacio de La Zarzuela, con asistencia del General y su esposa, la «Generalísima». Sobre este acontecimiento se ha escrito ya mucho. Yo, que asistí a la ceremonia, recuerdo como si fuera ayer el retazo de una conversación del conde de Barcelona, que actuó de padrino, con el general Franco, y que fue fácil de escuchar con sólo detenerse, disimuladamente, cerca de ellos en el abarrotado salón de La Zarzuela donde se ofreció una copa.

El tema de aquel monólogo, más que diálogo, ya que era el General quien llevaba la voz cantante, atiplada voz, no era otro que... la repoblación de los montes de El Pardo, y su petición de que don Juan visitara el Valle de los Caídos, cosa que haría, como también visitaría a don Ramón Menéndez Pidal. Franco alabaría lo primero y criticaría lo segundo.

Don Juan, desde su metro ochenta y ocho, embutido en un chaqué con el Toisón de Oro en la solapa y sin dejar de

---

[5] *Op. cit.*

echar bocanadas de humo a aquel metro sesenta y cuatro de uniforme que no fumaba, hacía como que «escuchaba».

Aquel día el General debió de pasarlo mal. Allí estaban nada menos que la última reina de España, que parecía actuar de Reina madre; el hombre que se consideraba jefe de la Casa Real, y don Juan Carlos, la víctima más o menos inocente, ya que uno le consideraba su heredero y el otro, que tenía las cartas marcadas, también. Lo demostró dieciocho meses más tarde con aquello de «mi sucesor a título de Rey», saltándose, a pesar de su pequeña estatura, el metro ochenta y ocho de don Juan.

Capítulo XIII

LAS HUMILLACIONES

La vida de doña Sofía, durante su época de Reina pero, sobre todo, en la de princesa y de mujer, no ha sido ni es lo que se dice una vida fácil y cómoda. Tanto en el aspecto «profesional», según expresión del Rey [1], su esposo, como en el más íntimo y privado. En ambas etapas, la actual soberana de España puede parecerse a su antecesora, Victoria Eugenia. Como ella, se trata de una mujer leal hasta el final y también como ella, quizá reconoce que es el precio que se debe pagar por otras compensaciones. Ena, por desgracia y por este misterioso juego de las compensaciones, de una manera o de otra tuvo que pagar por ello.

Varios son los ejemplos en los que doña Sofía ha dado la talla demostrando la madera de que está hecha. Pero, lo que más destaca es su preparación y su aprendizaje. Es una de esas personas que no sólo sabe conservar dignamente el tipo, sino que, por tratarse de una mujer noble y muy leal, es supremamente justa, aunque a veces pueda parecer lo contrario.

En capítulos anteriores hemos relatado aquella que pudo ser la primera obligación con motivo de su primer acto

---

[1] José Luis de Vilallonga, *op. cit.*

público y oficial, a los pocos días del regreso del viaje de novios, con motivo del funeral por los reyes de España en El Escorial, donde su presencia fue silenciada en la televisión única «por orden superior», que era la de Franco. Esto ocurría en febrero, concretamente el 28 de febrero de 1963, aniversario de la muerte del rey Alfonso XIII, abuelo paterno del príncipe. Pero el 24 de mayo, la princesa, que aún no sabía en que país vivía aunque poco a poco iba enterándose de quién mandaba, fue testigo de un desagradable incidente en el transcurso del cual supo comportarse como quien hoy es, si bien ha reconocido que le habría gustado reaccionar de forma diferente a como lo hizo su esposo, el príncipe.

El motivo fue la invitación por parte de Pilar Primo de Rivera, delegada nacional de la Sección Femenina de la Falange, para que presenciara, en el teatro María Guerrero de Madrid, la actuación de los famosos Coros y Danzas, que tanto juego dieron al Régimen dentro y hasta fuera de España (por supuesto, sólo en lo que entonces se denominaba Hispanoamérica y hoy Iberoamérica o América Latina, donde habitan «los hijos de la madre patria»; el Rey, en su primer viaje como tal a aquella región del mundo acabó con ese protector y filial parentesco para imponer el igualitario y fraternal apelativo de «países hermanos»).

Cuando, una vez finalizada la representación de los bailes, los príncipes se disponían a abandonar el teatro, se encontraron con que en su exterior se había reunido un numeroso grupo de jóvenes carlistas que vitoreaban a don Javier y a Carlos Hugo, otro pretendiente al trono con el silencio de Franco, cuando no con su consentimiento. Los miembros de la escolta de los príncipes, que era la del General, les pidieron que aguardaran en el *hall* hasta que despejaran la calle. Pero don Juan Carlos, que suele crecerse ante la adversidad, se negó a ello y decidió salir. En ese momento arreciaron los gritos de los alborotadores, que rodearon el coche al tiempo que gritaban «¡Viva don Javier!», «¡Viva Carlos Hugo!» El príncipe respondió con un «¡Viva!».

Al fin llegaron al palacio de La Zarzuela y, comentando el incidente con el marqués de Mondéjar, doña Sofía explicó que ella hubiera contestado con un «¡Viva Franco!». Yo pienso que, con ello, la princesa quería dar a entender que, aunque esos alborotadores eran la mano ejecutora, de otro, a lo peor, era la orden.

Cuando Franco supo de este incidente «le dolió lo sucedido». Sobre todo por la princesa, «que es sumamente inteligente y tiene una conducta irreprochable en todo. Ella quiso, amablemente, ver y aplaudir los Coros y Danzas, y se vio sorprendida con un incidente incorrecto y lamentable. Tengo que hablar de esto con don Camilo para que no se repitan estos incidentes lamentables y que dan mala idea de nuestra cultura y cortesía que, en todo momento, se debe mantener con todo el mundo y mucho más con el príncipe y la princesa, que habían sido invitados para conocer los Coros y Danzas», diría al día siguiente el General [2].

La otra humillación vendría no del Régimen, sino de su propio suegro, el conde de Barcelona con motivo de la boda de la infanta Margarita con el doctor Carlos Zurita, el día 12 de octubre de 1972. Era la primera vez que don Juan Carlos se veía con su padre, el conde de Barcelona, tras su designación como heredero de Franco a título de rey el 23 de julio de 1969, nombramiento que tanto había herido a don Juan y hecho sufrir a su hijo con aquella obligada traición para salvar la institución. Sin embargo, doña Sofía, tan «profesional» ella, se sintió feliz. Por primera vez veía, después de tantas humillaciones, que lo de convertirse en reina de España iba siendo una realidad. Afortunadamente ignoraba aquel día del juramento cuánto había aún de pagar en humillaciones hasta que lo de Reina fuera una realidad.

Alfonso Armada recuerda cómo lo celebró:

> «Aquella noche cenamos en La Zarzuela. La princesa me dijo: "Hoy tomamos el mejor vino y yo brin-

[2] Franco Salgado-Araujo, *op. cit.*

do con usted, Alfonso." Fue una cena memorable. ¡Nunca podré olvidarla!» [3]

La verdad es que ella, concretamente ella, no estaba traicionando a nadie y, por lo tanto, no tenía por qué estar triste, sino muy feliz.

En aquel viaje a Estoril para la boda de la infanta Margarita toda la prensa buscaba la fotografía de padre e hijo juntos. Pero el conde de Barcelona, que estaba en su casa, había decidido no aparecer en ningún momento junto a Juan Carlos. Y es más, a la hora de situar a los familiares e invitados en la larguísima mesa presidencial del banquete con el que se celebraba la boda, lo hizo colocando a Juan Carlos en un extremo y a la princesa en el otro. Con ello quería demostrar que seguía siendo el jefe de la Familia Real y que los príncipes, en el orden protocolario, eran sólo unos hijos más.

Mientras que a Juan Carlos se le podía ver molesto y enfadado, Sofía, que aceptó todo de buena gana, aparecía feliz y sonriente. A ella sólo le importaba que, con motivo de aquel encuentro familiar, se desbloqueara el corte de relación entre padre e hijo que a ella tanto le hacía sufrir por los dos.

Su comportamiento dio su fruto. Una vez más supo reconducir, de manera positiva, lo que para muchos era simplemente una humillación más.

Con la infanta Pilar, su cuñada, las relaciones tampoco fueron fáciles. La duquesa de Badajoz toma partido por su padre, a quien adora. Y todo su resentimiento lo vuelca mucho más en su cuñada que en su hermano, quien mantiene magníficas relaciones con Luis Gómez Acebo, el marido de Pilar.

En los primeros años de su matrimonio, los duques de Badajoz vivieron en un pequeño piso en el barrio de Salamanca, propiedad del bailarín Antonio. Yo visité ese piso con motivo de un almuerzo al que fui invitado al regreso

[3] Alfonso Armada, *op. cit.*

de la pareja de su viaje de novios. En el libro que tenían, y que la duquesa debe conservar, como registro de los invitados que visitaron su hogar, puede leerse lo que yo dejé escrito aquel día. Creo que fui el primero en estampar mi nombre en aquellas páginas. A los postres de la comida, cuando tomábamos el café, llegó la princesa Sofía, de quien se rumoreaba que «estando mano a mano con su cuñada Pilar no tenían nada que decirse», según Françoise Laot [4], aunque parecían mantener excelentes relaciones.

Se da la circunstancia de que a la hoy duquesa viuda de Badajoz no le gusta ni mucho ni poco ni nada que mientras su hermano es Rey y ella infanta, sus hijos no son nadie. Como los de la infanta Margarita. Ni tan siquiera altezas reales, como el hijo de Carmen Martínez Bordiú, biznieto de Franco, lo que no deja de tener gracia por lo injusto e incoherente.

Pero, de todas las humillaciones recibidas a nivel «profesional», ninguna le dolió tanto a doña Sofía como aquella de la que fue objeto el 22 de noviembre de 1975, cuando en el entonces palacio de las Cortes, hoy palacio del Congreso, don Juan Carlos de Borbón y Borbón fue proclamado rey de España.

Para mí, desde ese día, y aunque a don Juan Carlos no le agrade que lo diga, doña Sofía se convirtió no sólo en la mujer del Rey, sino también en la reina de España.

A propósito de esto, nunca sé qué responder cuando alguien, creyéndome experto en la materia, que no lo soy, me pregunta: «Si toda aquella princesa o no que se case con un rey se convierte automáticamente en reina, ¿por qué cuando es un hombre, príncipe o no, quien casa con una reina es tan sólo consorte?» Se me ocurre pensar que, si se diera el caso contrario, los colectivos feministas ya habrían reivindicado el título real para la esposa. A los hombres nos da igual. Incluidos los príncipes consortes, que se encuentran muy cómodos en su papel de tales.

Volviendo a aquel día 22 de noviembre, alguien, creo

---

[4] *Op. cit.*

que el entonces presidente del Gobierno, Carlos Arias Navarro, no sólo infligió una humillación a doña Sofía, sino también un profundo dolor que yo tuve ocasión de advertir aquella misma noche, cuando ella era ya la reina de España.

La historia es complicada y difícil de creer. ¡Qué le vamos a hacer!

Hacía tiempo que yo tenía una deuda con don Juan Carlos, con el que había intercambiado su valiosa cámara fotográfica (todo el mundo conoce este *hobby* del Rey) marca Leica-Flex con motor, por una moderna aunque menos valiosa Nikkon, la mía, de la que se había encaprichado. Durante una audiencia en La Zarzuela, semanas antes de su proclamación como Rey, me la había entregado a cambio de que le enviara lo antes posible mi cámara, que desde ese momento ya era suya.

Los acontecimientos de la larga enfermedad del General, que acabaron con su vida el 20 de noviembre de aquel año, me impidieron cumplir con mi deuda, que, ¡oh casualidad!, pagué precisamente el mismo día de su proclamación como rey de España.

Ignoro quién organizó todo el ceremonial de la proclamación de don Juan Carlos como rey de España. Nunca entenderé que, fuera quien fuese el irresponsable de aquel día, se le ocurriera incluir, como broche de oro a la ceremonia en las Cortes, un baño de multitud, que no se produjo porque ni se anunció, de los nuevos reyes en coche descubierto por las calles de Madrid (plaza de Neptuno, paseo del Prado, Cibeles, Alcalá, Gran Vía, plaza de España y cuesta de San Vicente) hasta el Palacio Real, donde, ¡oh desgracia!, se encontraba expuesto de cuerpo presente el General, que hacía tan sólo dos días había muerto en La Paz. Con este panorama, fácil es de imaginar cómo se encontraban, ese día y a esa hora, dos de la tarde, las calles de Madrid. No sé cómo debieron sentirse los flamantes reyes desfilando en coche descubierto por las casi desiertas calles madrileñas, cuyos peatones se detenían sorprendidos al encontrarse con el imprevisto cortejo real.

Nunca como en aquella ocasión la vida de los reyes ha estado tan peligrosamente a manos de quienes hubiesen deseado prolongar el franquismo sin Franco, el Régimen sin el General, ante cuyo cadáver, a aquella misma hora, desfilaban miles y miles de españoles abrumados más que por la muerte del Generalísimo, que era una muerte anunciada, por la incógnita del franquismo.

Y mientras, a un irresponsable no se le ocurre otra cosa que pasear a los nuevos reyes por las calles de Madrid como si de una fiesta se tratase, ignorando que en esta ciudad se había arrojado una bomba envuelta en un ramo de flores contra su antecesor el mismísimo día de su boda, y sin motivo justificado. Había tan poca gente en la Gran Vía madrileña que, sin problemas y cómodamente, cualquiera podía acompañar el cortejo real desde las aceras —yo venía haciéndolo desde la carrera de San Jerónimo—, mientras se oía a la gente exclamar: «¡Pero si son los príncipes!», que ya no lo eran, aunque muchos ni se habían enterado. Ese día lo único que los madrileños sabían era que Franco por fin había muerto.

Cuando el cortejo real enfilaba Gran Vía abajo, hacia la plaza de España, y justo al pasar frente al cine Capitol, don Juan Carlos me divisó entre media docena de personas que aplaudían más por cortesía que por entusiasmo. Y no sólo correspondió sonriendo a mi saludo, sino que, llevándose la mano al oído, me hizo el conocido gesto de que le llamara por teléfono. Cuesta trabajo creerlo, ¿verdad? Pero ocurrió así.

Tras concertar la entrevista por medio de Alfonso Armada a primeras horas de aquella tarde, ésta quedó fijada para las siete de aquel histórico día 22 de noviembre y, por ser tal, yo pensaba que la cola para audiencias habría de prolongarse, cómo mínimo, hasta la Puerta del Sol. Cuál no sería mi sorpresa cuando, al llegar a la hora convenida a La Zarzuela, a esa hora ya envuelta por las sombras de la noche, sólo encontré silencio fuera y dentro del pequeño palacete, cuya puerta me franqueó sin más problemas el buenazo de Mariano, el conserje de la casa que también era el padre de Loli, la doncella de doña Sofía. Y cuando pensaba que había de guardar antesala, el ayudante de servicio me invitó a pasar al despacho de Juan Carlos.

Lo que allí vi y lo que allí viví durante la hora larga que estuve nunca lo podré olvidar y siempre figurará entre los recuerdos más inolvidables de mi vida, y no sólo de la profesional. Porque de aquel día, precisamente de aquél, tan importantísimo en la vida de don Juan Carlos y doña Sofía, por el que tanto se habían sacrificado y tanto habían sacrificado, yo compartí con ellos, que acababan de ser proclamados reyes de España aquella mañana, más de una hora. A solas con los dos, el Rey y la Reina. Qué solos estaban cuando se me invitó a entrar en el despacho, sin que ni una llamada telefónica del exterior interrumpiera aquella extraña soledad en ese día. Don Juan Carlos limpiando unas cámaras fotográficas que iba sacando de un pequeño arcón. Doña Sofía sentada en uno de los «confidenciales» del despacho, leyendo telegramas que había recibido ese día, tan feliz para ella, pero también desgraciado, como me hizo saber.

—Me ha extrañado mucho la ausencia de su madre, la reina Federica, en la ceremonia de esta mañana en las Cortes. ¿Cuál ha sido el motivo? ¿Es que acaso está enferma? —le pregunté.

—Alguien no ha querido —respondió—, no ha permitido que estuviera, no lo ha autorizado; ha sido para mí un disgusto muy grande y una gran tristeza.

Ella, Federica, que tanto había soñado con este momento, el de ver a su muy amadísima Sofía convertida en Reina cuando ella ya ni tan siquiera lo era. A la reina Federica también se le infligió ese día un tremendo dolor y una gratuita humillación.

Para doña Sofía supuso la humillación más grande, la más dolorosa humillación y la más injusta de las humillaciones; tuvo todo el sabor de una venganza, de una mezquina venganza.

Capítulo XIV

«TUTO EN CAMAS SEPARADAS»

Si la convivencia normal y corriente deteriora ya de por sí las relaciones humanas, la sola cama o la sola habitación, aunque sea con dos camas, puede ser, a veces, el primer motivo de ese deterioro de la pareja cuando no existen otros.

Un viejo y muy sabio amigo mío dice siempre que si los matrimonios o las parejas, sobre todo los primeros, que parecen estar más obligados que los segundos, durmieran no ya en camas o en habitaciones separadas sino en casas diferentes, durarían «hasta que la muerte nos separe», que a veces es una cadena a perpetuidad que pesa como una losa.

El público conocimiento de que los reyes don Juan Carlos y doña Sofía ya no dormían juntos se produjo de una forma tan accidental y anecdótica como cuando el mundo entero supo que la reina Isabel de Inglaterra y su esposo el príncipe Felipe tampoco compartían el lecho conyugal. En esta ocasión, la culpa la tuvo un reincidente llamado Michael Fagan, que el día 20 de junio de 1982 escaló los muros del palacio de Buckingham y, deslizándose por una ventana entreabierta, llegó hasta el dormitorio de la Reina y se sentó en un extremo del gran lecho donde ella dormía.

Su Graciosa Majestad, bruscamente, percibió que compartía habitación con un visitante inesperado que la observaba a un metro ochenta de su rostro. Los súbditos de Isabel II no sólo supieron entonces de la sangre fría de la Reina, que incluso llegó a entablar un prudente diálogo con el intruso («¿Así que mi hijo, el príncipe Charles, tiene un año menos que usted?»), y de su valor («Si desea un cigarrillo puedo ir al corredor y pedírselo a un *valet*»), sino de la intimidad de la soberana: la pareja real no comparte el mismo lecho, ese eterno símbolo de la felicidad conyugal.

La prensa dedicó artículos de fondo a esta cuestión. Y el *Daily Mail* explicó a sus lectores que los verdaderos aristócratas no creen en la cama para dos personas, ya que la juzgan demasiado común, sobre todo cuando la convivencia ha matado al amor y, en el mejor de los casos, lo ha transformado en una amistad sin atracción sexual alguna.

De la separación «de lecho» de nuestros reyes se supo en el transcurso del viaje oficial que don Juan Carlos y doña Sofía realizaron a Chile en octubre de 1990. El mismo día de la llegada, miércoles 17, un diario de Santiago, el *Fortín Mapocho* recogía así la noticia en su primera página y a grandes titulares en rojo: «Los reyes harán tuto en camas separadas.» No sólo camas separadas tuvieron los reyes de España en el hotel Crown Plaza de Santiago, sino también piezas distanciadas, ya que, mientras doña Sofía ocupaba la *suite* 2209, don Juan Carlos tenía la 2212. En ese hotel de lujo, ambas *suites* se denominan Penthouse, ya que cuentan con diversas dependencias, entre ellas dos dormitorios.

Aquel descubrimiento de que nuestros reyes duermen no sólo en camas separadas, que siempre es bueno y saludable, sino en habitaciones diferentes —ella en la segunda planta del palacio de La Zarzuela, él en un apartamento en la primera—, aunque, eso sí, bajo el mismo techo, sorprendió a los españoles cuando se hizo público en el desaparecido diario *El Independiente,* del cual yo fui enviado especial en el citado viaje real.

Muchos «expertos» achacaron esta forma de «convivir»

a motivos de protocolo real, que ya son ganas de buscar tres pies al gato y, sobre todo, de decir tonterías, pues el único motivo es la real gana (¿del Rey?, ¿de la Reina?), lo cual me parece más corriente y humano.

Pero, sobre todo, cuando una pareja o un matrimonio decide separarse «de lecho» es porque sus componentes ya no comparten todo en la vida. El comportamiento de Juan Carlos ha sido, a veces, inconsciente, como veremos más adelante. Pero también muy humano, y en este sentido ha encontrado respuesta en doña Sofía, que, cuando se le pregunta en qué medida influye en el Rey, responde, según Françoise Laot, con una sonrisa que la delata: «Se las arregla muy bien solo.»

Hay que reconocer que el amor de la Reina por su esposo el Rey nunca ha desaparecido, e incluso se ha dulcificado, convirtiéndose en una anhelante forma de amor con el paso de los años.

Doña Sofía es una mujer condescendiente. Por ello, la imagen romántica del joven Rey y de la muchacha Reina tardará en desvanecerse. Y no hay duda de que el amor de la reina Sofía va a sobrevivir, y siendo como es una mujer inteligentísima, el día en que comprendió que el tiempo había dejado su huella en el amor, su papel cambió, y desde entonces se propuso ser, con toda la dignidad, ante todo Reina.

Posiblemente, la Reina nunca se había parado a meditar que en don Juan Carlos, como en su abuelo Alfonso XIII, el ser español es a la vez su fuerza y su debilidad. Y si doña Sofía hubiese meditado más hubiera descubierto que la clave de la personalidad del Rey se encuentra en el linaje de los Borbones de España y, como tal, es prisionero y, finalmente, víctima de la herencia y características genéticas de este linaje.

La reina Victoria Eugenia, en la última entrevista que mantuvo conmigo días antes de su muerte y a la que ya me he referido en varios pasajes de este libro, al abordar su crisis matrimonial, que tanto le hizo sufrir, lo justificaba con las siguientes palabras:

> «Desengáñese, Peñafiel, que los españoles son muy malos maridos, y aunque se casan enamorados en seguida son infieles. Quiero pensar que por naturaleza.»

Si analizamos la trayectoria de las relaciones sentimentales de Sofía, que cree haber hecho su trayecto sin errores, y Juan Carlos, advertimos que, a lo largo de más de treinta años, algo se ha ido deteriorando en la relación de la real pareja. En realidad, esto no tiene nada de extraño; es más, entra dentro de lo habitual en un matrimonio de tan larga historia en común. Y quien esté libre de pecado, que tire la primera piedra.

Cierto es que ha habido, hay y habrá excepciones. Basta traer a estas páginas el ejemplo de los reyes Balduino y Fabiola de Bélgica, posiblemente la más excepcional de todas las historias de amor jamás vividas, aunque en este caso tan particularísimo la sólida formación religiosa, el estricto concepto de la moral y las buenas costumbres ayudaron a mantener el amor como el primer día.

Si todos los reyes del mundo fueran como Fabiola y Balduino, no cabe la menor duda de que muchos —al menos el autor de este libro— seríamos monárquicos, ya que una de las razones de la monarquía es su carácter ejemplarizante. Pero de esto hablaremos en otro capítulo.

Volviendo a las naturales crisis matrimoniales —consecuencia, la mayoría de las veces, de la convivencia bajo el mismo techo—, nos encontramos que, en algunos casos, estas crisis erosionan de tal forma la relación de la pareja que la vuelta atrás, a aquellos años de felicidad primeros, es poco menos que imposible. Unas veces por los hijos, si los hubiere, otras por motivos económicos y las menos por altísimas responsabilidades, se sigue adelante intentando convivir a solas, si no con la persona, sí con el fracaso.

Es muy difícil —yo diría que casi imposible— saber en qué momento se produjo el principio del deterioro apuntado en la relación de los reyes don Juan Carlos y doña Sofía, una pareja que, aunque no vivió lo que se dice un apasionado noviazgo, como otros muchos matrimonios reales que pusieron a prueba su amor durante el mismo —tal es el caso de los hoy reyes Harald y Sonia de Noruega—, sí es cierto que a lo largo de los primeros años de relación conyugal, y a pesar de las dificultades de tipo político y familiar, que les obligaron a apoyarse mutuamente, el matrimonio se fue consolidando hasta ser ejemplar.

No hay que olvidar que en toda pareja siempre hay uno que ama y da más que el otro, salvo en los ya mencionados Fabiola y Balduino. En el caso de nuestros reyes, no hay duda de que, aunque difícilmente ha dejado adivinar sus sentimientos, ha sido doña Sofía quien más ha aportado a aquella felicidad, que, sin duda por uno y mil detalles que se conocen, ha sido correspondida.

Independientemente de los momentos de felicidad reflejados en las fotografías que reproducimos, ¿es necesario recordar de nuevo el amoroso detalle del regalo de los zafiros en Thailandia? Cierto es que ya había habido una pequeña crisis a los pocos meses de la proclamación de don Juan Carlos como Rey (22 de noviembre de 1975), crisis que doña Sofía quiso zanjar marchándose a la India con sus tres hijos; el viaje se justificó oficialmente por motivos de salud de la reina Federica, residente en aquella época en Madrás junto a su hija, la princesa Irene.

El indiscutible y gran amor que existía en la pareja real se puso de manifiesto de una forma elocuentemente expresiva con motivo de otro aniversario, en concreto cuando doña Sofía cumplió cuarenta años, el 2 de noviembre de 1978. Veinte días más tarde, el 22, harían tres años que eran reyes de España. En esta ocasión, el regalo que el Rey hizo a su esposa sólo es capaz de hacerlo quien está profundamente enamorado. No se trataba de acudir a una joyería y comprarle una joya, que puede ser lo más cómodo y barato si partimos de la base de que todo aquello que se puede comprar con dinero lo es. Lo difícil, lo que da la medida de un amor, es el detalle, la imaginación puesta al servicio de la felicidad de la otra persona.

Don Juan Carlos sabía lo que la familia supone para

doña Sofía. No sólo su marido y sus hijos, sino también su madre, sus hermanos, sus tíos, sus primos. Es un fuerte sentimiento que ha heredado, entre otros, de la reina Federica. Tenerlos ese día junto a ella era el más grande regalo que podía hacerle su marido, la felicidad más grande que podía darle en aquellos años de plena dicha matrimonial.

Y así, el Rey puso manos a la obra. Sin que ella supiera nada, comenzó a contactar con todas aquellas personas que suponían algo en la vida de la Reina. El deseaba que fuese una gran sorpresa, una de esas sorpresas que nunca jamás se olvidan y que dan la medida del amor que se tiene hacia una persona. Para ello, y a escondidas, comenzó a llamar a unos y a otros y les convocó en Madrid la noche del aniversario. Contó con la complicidad de muchas personas, entre ellas la de su hermana la infanta Pilar, que ofreció la casa que tenía entonces, un bonito chalet en la urbanización de Somosaguas, concretamente en la calle del Mirlo (en la actualidad vive en la no menos lujosa y exclusiva zona residencial de Puerta de Hierro). El día señalado y a la hora prevista fueron llegando allí la reina Federica, el rey Constantino y su esposa Ana María, la princesa Irene y todos los tíos y primos de la rama alemana, a los que don Juan Carlos había tenido escondidos en hoteles y residencias de amigos.

Lo difícil fue convencer a doña Sofía de que la fiesta de su cumpleaños no iba a celebrarse en el palacio de La Zarzuela, que hubiera sido lo lógico, sino en casa de los duques de Badajoz. Y engañada fue hasta allí poco antes de las ocho de la tarde. La Reina, al entrar en la casa y acceder al salón, se encontró a todos los suyos allí convocados por quien quiso aquel día demostrar el amor que por ella sentía.

Doña Sofía, que siempre procura evitar que afloren sus sentimientos, rompió a llorar abrazada a su marido.

Desgraciadamente, en pocas ocasiones como ésta ha sido tan feliz, tan dichosa y una mujer tan enamorada. Ni se podía dar más ni desear más. Sólo un hombre muy enamorado podía llegar tan lejos.

Capítulo XV

LAS LAGRIMAS DE LA REINA

Ante el recuerdo del regalo de cumpleaños que hemos relatado en el anterior capítulo, y que constituye algo más que una anécdota, uno no puede por menos de preguntarse, una vez más: ¿cuándo se rompió la magia de aquel amor?, ¿en qué momento se convirtieron en una pareja de impulsos controlados y se sintieron más atormentados ambos de lo que parecen bajo una aparente normalidad?, ¿en qué momento doña Sofía decidió cerrar los ojos y tirar para adelante arrastrando su amor?

Porque el amor de doña Sofía por don Juan Carlos sigue siendo un gran amor. Yo pienso que un gran amor existe cuando uno de los miembros de la pareja sigue siendo fiel y abnegado aunque a veces grite, con Joyce: «Amor, amor, ¿por qué me has dejado sola?»

Ignoro cuándo la Reina comenzó a sentirse sola, pero grande ha debido ser el deterioro de la relación a lo largo de todos estos años para que un simple gesto del Rey, como el de tomar del brazo a su esposa en una mañana de marzo de 1993, con motivo de la larga agonía de Su Alteza Real el conde de Barcelona, cuando fueron ambos a visitarle a la clínica universitaria de Navarra, motivara no sólo la publicación de la foto de aquel momento en la primera página de todos los periódicos, sino incluso la aparición de un editorial en el diario madrileño *El Mundo* (14 de marzo de 1993) titulado «Cuando reinar es renunciar». En uno de los pasajes de aquel largo artículo de la tercera página, que firmaba su director Pedro J. Ramírez, se podía leer textualmente:

> «... pero no son sólo grandes lecciones de historia las que se desprenden de esta despedida en la clínica universitaria de Navarra. Estamos hablando de seres humanos mirándose en el espejo del tiempo, en uno de esos momentos que marcan la vida de cualquiera. ¿Cuánto hacía que no veíamos una imagen de don Juan Carlos agarrando del brazo a doña Sofía, como la que casi todos los periódicos publicamos el miércoles en portada...? El foco de la noticia no ilumina ahora ninguna polémica sobre yates ni vacaciones, ningún debate sobre el futuro matrimonio del heredero. Lo que nos muestra es algo mucho más próximo que todos podemos sentir y comprender: el acercamiento de una familia, enlazada por los pespuntes de un halo que se extingue.»

El polémico y gran periodista Pedro J. Ramírez no sólo acababa de poner el dedo en la llaga real, sino que también resaltaba lo que todo el mundo intuía o conocía.

En aquella ocasión, en mi diario programa en la COPE y por el mismo motivo, hice sobre la fotografía en cuestión el siguiente comentario:

> «Me gustaría que cualquier gesto físico de cariño, de ternura o, simplemente, de deferencia de don Juan Carlos hacia doña Sofía fuera algo natural y normal, nunca noticia, y mucho menos motivo de un editorial, aunque ello suponga una fuerte corriente de apoyo a la Reina y a su manera de afrontar los problemas de su vida.»

La muerte de un ser querido pone al descubierto muchas veces, sobre todo si de las personalidades de la talla de unos reyes se trata, las miserias humanas de una familia. Siempre recordaré el repentino fallecimiento de Stefano Casiraghi, el marido de la princesa Carolina de Mónaco, aquel muchacho que fue a la muerte olvidando calma y felicidad. Sólo en un segundo. Pero fue un segundo que puso al descubierto la realidad más confusa de una familia que era, gracias a la prensa, la imagen misma de esa felicidad que se llevó la muerte. Pero el día de esa muerte, inútil muerte del joven Stefano, que se mató corriendo tras una imagen que se había formado de sí mismo (uno no se mata más que para existir, que dijo alguien), se demostró que nadie estaba en su sitio. De la familia del muerto nadie supo dar razón. Que esas tragedias nos dejan, a veces, con el culo al aire. Y todo el mundo supo que la flamante viuda se encontraba de vacaciones en París. La locuela de la cuñada se había perdido en una isla del Pacífico, viviendo su nueva aventura con el chulo de turno. Y el heredero también estaba ilocalizable, con sus amiguitos. Sólo se hallaba cerca, para ser justo, el suegro, un viejo soberano que mataba su soledad vagando por el palacio Grimaldi en busca de la gracia perdida de su principado.

La muerte de don Juan, sin ser, ¡por Dios!, en modo alguno equiparable, sí fue un acontecimiento que puso de manifiesto la doble tragedia de la Familia Real española. Por un lado, la de la pérdida de «uno de esos millones de hombres que sólo rozan la sabiduría, muy de tarde en tarde, ese día en que parecen a punto de darse cuenta de que vivir es renunciar... La tragedia que honraba y purificaba a una institución que en tantas otras ocasiones no fue capaz de estar a la altura de lo que la historia reclamaba de ella», según el mencionado editorial de Pedro J. Ramírez de aquel día 14 de marzo de 1993. Por otro lado y ya refiriéndonos a la relación Rey-Reina, es probable que dicha muerte, la de don Juan, haya acercado a don Juan Carlos y a doña Sofía, aunque, a lo peor, lo haya hecho sólo momentáneamente. Pero ese día (¿sólo ese día?) tanto don Juan Carlos como doña Sofía fueron fieles a las palabras de san Agustín: «Si callas, callarás con amor; si lloras, llorarás con amor; si corriges, corregirás con amor; si perdonas, perdonarás con amor.»

La muerte del conde de Barcelona irá siempre unida a las lágrimas de doña Sofía. Nunca jamás unas lágrimas han conmovido tanto a un pueblo como aquéllas derramadas en el monasterio de El Escorial cuando el cadáver de don Juan desaparecía a hombros de la comunidad de agustinos camino del pudridero. Nunca unas lágrimas demostraban ser el resumen de tantas impresiones simultáneas, la quintaesencia continuada de tantas emociones contradictorias. Eran como el grito que colmaba el vaso de tanto dolor reprimido, lágrimas de aflicción, pero también de nostalgia.

No recuerdo el nombre del pensador que dijo que «hay palabras que lloran pero sobre todo lágrimas que hablan», aunque para Ovidio «las lágrimas pesan siempre más que las palabras». ¡Y cuánto pesaron aquellas lágrimas de la Reina!

Yo diría que media España lloró aquel día a causa de las lágrimas de Sofía. Y la otra media se contuvo con pudor. Pero todo el mundo compartió con ella el escozor de la tristeza.

En mi ya larga y dilatada vida profesional, en la que he visto tanto dolor y tanta lágrima, no recuerdo que las lágrimas de una persona merecieran tal cantidad de artículos, editoriales, comentarios y cartas al director como las que inspiraron las que la Reina derramó ese sábado 3 de abril de 1993.

He aquí unos ejemplos:

El Mundo:

> «Cuando doña Sofía tuerce el gesto, suspira, gime o se santigua, todo el mundo quiere interpretar un rapto de exquisita profesionalidad. Es una forma de negarle aquello que al Rey se le supone con creces hasta en los momentos más rigurosos. O sea, la espontaneidad. Según esta versión, durante la última semana doña Sofía habría trabajado mucho, lo cual no deja de resultar admirable, sobre todo teniendo en

cuenta lo difícil que es trabajar con un nudo en la garganta. La Reina sabe muy bien lo que significa mantener el tipo, y prueba de ello es que lo mantiene con frecuencia. Pero en la vida todo se contagia y ninguna Reina queda fuera de este principio universal. Contagiada de emoción y amargura, doña Sofía se derrumbó cuando la tristeza rodaba por el rostro de su marido en forma de lágrimas como puños. De ahí que esta imagen severa, tratando de combatir el llanto, cobrara tanto impacto en la opinión pública. Que doña Sofía haya perdido mínimamente la compostura ante el dolor es un gesto que le agradecen hasta los españoles más republicanos. Las heridas disminuyen a los parias pero engrandecen a los reyes.»

El Mundo (Andrés Aberasturi):

«Media España sentía ayer la muerte de don Juan pero lloraba con la Reina. Fueron apenas unos segundos, porque el realizador de TVE tuvo el buen gusto y la educación de respetar las lágrimas... Junto al Rey y a lo largo de toda la ceremonia en El Escorial, la Reina permanecía seria, manteniendo el tipo y el gesto hasta el final. Y sólo cuando todo acabó se permitió lo que sin duda es un lujo para su educación de Reina: llorar en público... Entiendo toda esa aventura humana de encuentros y desencuentros en una familia marcada para el bien y para el mal... Que ayer lloraran los reyes ante millones de españoles lo entiendo. La Reina cuando se dio permiso, el Rey cuando sencillamente no pudo más.»

¡Hola!:

«En el momento de la entrega del cadáver de don Juan al prior del monasterio, según mandan las actas tradicionales que vienen de cuatro siglos, la Reina llora, con la mano sobre el hombro del Rey. Fue un largo momento dramáticamente emocionante.»

Carta al director en *ABC* (Manuel Aguadé Nieto):

«Siguiendo, a través de la televisión, la transmisión de la ceremonia del entierro de don Juan de Borbón, me embargó en todo momento una gran emoción... Su Majestad la reina doña Sofía, dándose cuenta de los esfuerzos que hacía nuestro Rey para no llorar abiertamente, le apretó cariñosamente el brazo derecho y luego pasó su brazo izquierdo sobre los hombros de Su Majestad, gesto creo yo que emocionó tanto a don Juan Carlos que ya no pudo contener el llanto al igual que la Reina... esas lágrimas de doña Sofía, esos gestos, suaves, casi caricias, me conmovieron aún más profundamente. Fueron para mí la demostración de que, pese a la rigidez que, en ocasiones, imponen el protocolo y la educación cortesana, la reina de España, doña Sofía, es la más bella, gentil y tierna Reina, madre y esposa. Esas escenas brevísimas —apenas duró unos segundos— jamás podré olvidarlas.»

El País (María Cuadra):

«Las lágrimas de la Reina cuando rompe a llorar es por ver llorar a su marido y padre de sus hijos... Las lágrimas de la Reina han conmocionado y estamos todos muy orgullosos ya que la gente que no la conoce la juzga seca.»

Tiempo (José Oneto, director):

«A partir de ahora, cuando ya ha empezado a reconocerse el papel que en la reciente historia de España ha tenido don Juan de Borbón, hijo y padre de Rey y que nunca llegó a serlo aunque recibiría honras fúnebres en el Palacio Real y en El Escorial como si fuese Juan III, don Juan Carlos se queda solo, profundamente solo. Acompañado, eso sí, por el amor de una esposa todavía enamorada.»

El matrimonio con el presidente Kennedy, a quien visitaron en la Casa Blanca durante su viaje de novios.

El rey Hussein acompaña a los recién casados durante su viaje a Jordania.

La princesa Sofía durante una de las escalas del viaje de novios.

Juan Carlos y Sofía también estuvieron enamorados.

Con su madre, la reina Federica, en vísperas del nacimiento de la infanta Elena, en Madrid.

Una de las pocas fotos de Sofía con abrigo de piel, junto a su hermana Irene.

A la espera del primer hijo, la pareja en La Zarzuela junto a la princesa Irene.

Miradas enamoradas de una pareja feliz.

La princesa Sofía con su hermano, Constantino, y el príncipe Juan Carlos, a su llegada a Atenas con motivo de la muerte del rey Pablo.

Los príncipes fotografiados el día del nacimiento de su segundo hijo, una niña, Cristina. En los brazos del príncipe, la infanta Elena.

Don Juan Carlos en su mesa de despacho, presidida por una fotografía de su esposa.

Una de las escasas fotos que existen de doña Sofía en una plaza de toros.

Recordando su época de puericultora, durante una visita a un hospital infantil de Madrid.

Feliz, después de visitar la casa de Beethoven durante un viaje a Alemania.

Durante una competición de vela.

Juan Carlos y Sofía en el Louvre ante la sonrisa de *Mona Lisa*.

Este fue el pie de la fotografía en su momento: «Don Juan Carlos de Borbón (mirando a la cámara) brinda con los periodistas asistentes a la rueda de prensa en la que anunció que a su primer hijo varón, nacido esta mañana, se le pondrán los nombres de Felipe-Juan-Pablo-Alfonso.»

Los príncipes con el General y su esposa en un 18 de julio en La Granja.

El doctor Mendizábal con don Juan Carlos, doña Sofía y sus tres hijos, que él ayudó a traer al mundo.

La reina Federica con sus tres nietos durante una visita a Madrid.

La reina Federica con su hija y sus nietos durante la Cabalgata de los Reyes en una Navidad madrileña.

Don Juan Carlos y doña Sofía con sus hijos el día en que fueron proclamados príncipes de España.

Los reyes y sus tres hijos durante las vacaciones mallorquinas de 1993. (Foto: EFE.)

Los reyes con el autor del libro.

Don Juan Carlos y doña Sofía durante la visita a Santiago de Chile.
(Foto: EFE.)

Fortín MAPOCHO

Precio $ 120 • Fundado en 1947 • Edición Nº 1663 • Miércoles 17 de octubre 1990 • I y II regiones, recargo $ 20; XI y XII regiones, recargo $ 30 por flete

LA CUT EN MASA GRITO AYER EN EL CONGRESO

"APROBAR, APROBAR LA LEGISLACION LABORAL"

Manuel Bustos se pegó su guapo discurso defendiendo a los trabajadores y habló golpeado a los "apernados" (Pág. 24)

DON "PATO" LOS RECIBE HOY EN PUDAHUEL

LOS REYES HARAN TUTO EN CAMAS SEPARADAS

Los reyes de España, Juan Carlos de Borbón y Sofía, llegan hoy a Chile, que los recibe con los brazos abiertos

- *El protocolo es cosa seria y a menudo muy severo en sus reglas.*
- *Tres mil carabineros vigilarán su seguridad real.*
- *Las camareras del "5 estrellas", donde alojarán, tienen prohibición de meterles conversa a los soberanos españoles.*
- *Sólo dos personas del hotel podrán entrar en contacto con Juan Carlos y la linda Sofía*

(Págs. 8 y 9)

ESTA COMO LA CARABINA DE AMBROSIO

DESPELOTE TOTAL EN LA "U": RENUNCIO EL ENTRENADOR

El próximo rival es Wanderers, que también está en la cola de la tabla, pero con la moral muy alta (Pág. 14)

Así recogió la noticia un periódico de Santiago de Chile.

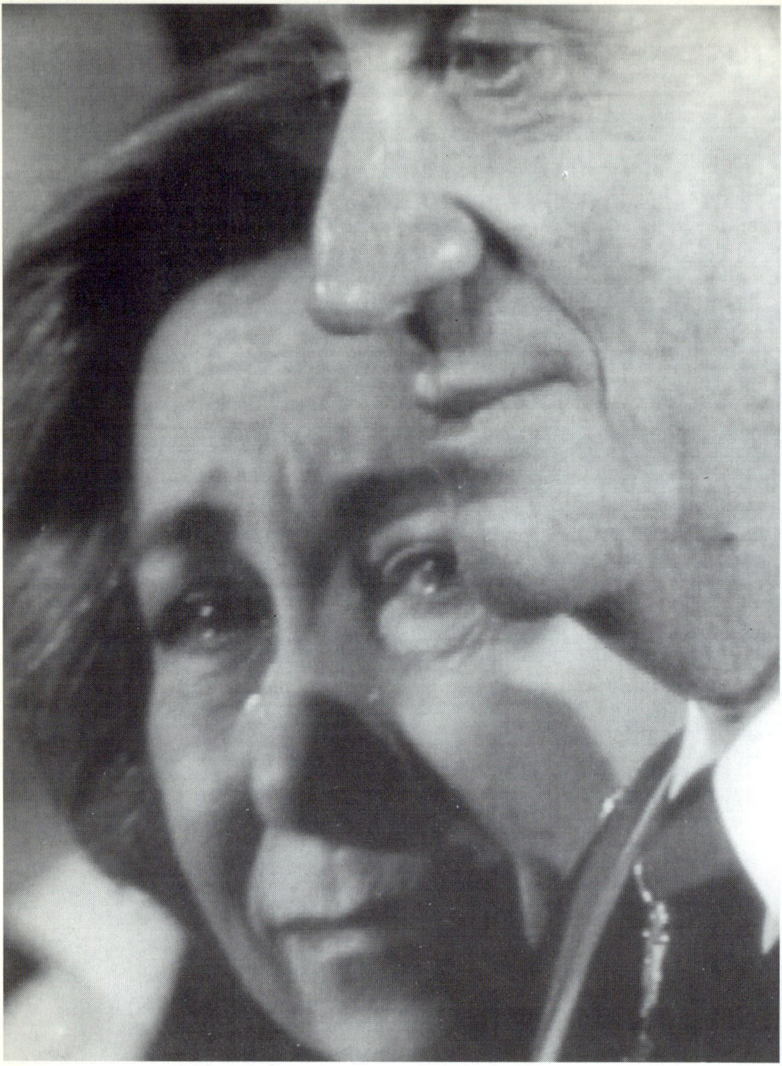

Las lágrimas que conmovieron a los españoles. (Foto: EFE.)

Posiblemente Oneto lleva toda la razón: aquellas lágrimas eran testimonio de lo que ella aún ama. Pero no quisiera pensar que aquel día fue como una tregua, tregua aquel día de lágrimas durante el cual doña Sofía no pudo menos de concebir por don Juan Carlos un sentimiento de ternura, incluso de piedad, que se puso de manifiesto cuando colocó la mano sobre el hombro de su marido, en un gesto que era casi una caricia, tan necesaria para la vida de los sentimientos. Pero no tuvo respuesta. Tal vez porque el Rey, en esos momentos, se sentía solo con su dolor. Pero, ¿y ella? Ni aquel día ni ningún otro tuvo ni tiene a nadie con quien compartir sus pensamientos o consolar su soledad. En cualquier caso, la Reina es una mujer tercamente decidida a cumplir con su deber. Es tan realista que en modo alguno se compadece de sí misma por la situación. Yo creo que ha llegado a un perfecto equilibrio entre la facilidad y la simplicidad por un lado y las obligaciones de su rango por el otro. No le ha quedado más remedio, porque además no tiene ni tan siquiera a su madre para confiarse.

Capítulo XVI

«MAMA MIRA A SOFIA»

El mes de febrero de 1981 difícilmente podrá ser olvidado por doña Sofía. Tampoco por el Rey, ni por Suárez, ni por Calvo Sotelo, ni por todos los diputados del Congreso y del Senado, ni por todos los españoles. Porque en este fatídico mes hubo para todos. Pero a la Reina le correspondió la peor parte, ya que ella tuvo que sufrir de todo: la tensión en el País Vasco, la muerte de su madre y el intento de golpe de Estado del 23-F.

¿Caben más tragedias en el mes más breve del año?

Cuando el país aún no se había repuesto del impacto emocional del histórico primer viaje de los reyes a Euzkadi, con los incidentes de la Casa de Juntas de Guernica, España se sorprendía en la mañana del día 7 de febrero con una noticia que afectaba muy directa y profundamente a la reina Sofía: la muerte de su madre, la reina Federica.

El impacto emocional fue aún mayor, ya que se desconocía que la soberana se encontraba enferma. Es más, toda España pudo verla por televisión en la tarde del día 5 en el aeropuerto de Barajas cuando, acompañando al príncipe Felipe y a las infantas Elena y Cristina, acudió a recibir a los reyes, que regresaban de su trascendental viaje al País Vasco (del 3 al 5 de febrero). Precisamente este delicado viaje había motivado la presencia de la reina Federica en Madrid, adonde había llegado en la tarde del domingo, 1 de febrero, desde Londres, para estar con sus nietos mientras don Juan Carlos y doña Sofía permanecían en Euzkadi.

Tal vez ella, con su olfato político, intuyó lo que allí podía pasar y que pasó. Lo que ignoraba es que la muerte, absurda y repentina muerte, la iba a sorprender seis días después de su llegada a Madrid.

Y, ¡oh ironía del destino, tan cerca de su hija, la más amada, y tan sola...!

Para entender lo que la reina Federica supuso para su hija y lo que Sofía representó para su madre hay que remontarse nada menos que a la infancia. Aunque tenía tres hijos, la reina Federica siempre sintió por Sofía un amor muy especial. Desde que nació gustaba de llevarla en brazos a todos los sitios con el solo deseo de poder hablar de ella.

> «Yo solía decir cada vez que la elogiaban: "Bueno, sí; es una niña muy bonita, pero es una lástima que haya sacado mi nariz." Y un día, en vez de oír como esperaba "¡Oh, si tiene una nariz monísima!", una señora me dijo: "No se preocupe, eso se le corregirá con el tiempo."» [1]

A pesar de su corta edad, pues todavía era una niña, la reina Federica recordaba que mantenía con ella largas conversaciones, «ya que siempre fue muy inteligente».

El enorme cariño y debilidad que la Reina sentía por la hija eran correspondidos hasta extremos de negarse la princesa Sofía a aceptar ninguna foto de su madre en la que no estuviera de frente. «Quiero éstas porque aquí mamá mira a Sofía y en las otras no.»

Los celos de la pequeña princesa por todo aquello que supusiera compartir a su madre se pusieron de manifiesto cuando, acompañándola, teniendo ya diez años, en un via-

---

[1] Reina Federica, *op. cit.*

je por el campo, oyó cómo los viejos y las viejas del lugar llamaban a la Reina «madrecita». «Se enfadó mucho y apretando mi mano gimoteando me dijo: "Tú no eres su mamá. Eres la mía"», recordaba con ternura Federica.

Sofía fue siempre una magnífica hija que además sentía, tanto por su madre como por su padre, una enorme adoración. Esta anécdota que relata la reina Federica en sus *Memorias* es definitoria:

> «En cierta ocasión, Sofía estaba sentada en mi regazo. Frente a nosotras, Palo [cariñoso nombre que daba a su esposo, el rey Pablo] leía un periódico. "¿Sabes una cosa, mamá?", me preguntó. "¡Me parece que tenemos el papá más guapo del mundo!"»

Estos ejemplos —hay cientos de ellos— son suficientes para conocer la relación madre-hija, relación que se mantuvo inalterable y hasta se acrecentó con el discurrir de los años y de las dificultades, aunque, posiblemente, doña Sofía no compartiera la excesiva intromisión de Federica en los asuntos políticos de Grecia. En todo caso, con el tiempo, ya viuda desde 1964 y sin reino desde 1967, la ambición política de Federica se transformaría en ambición maternal.

> «Es un papel que nadie me impedirá llevar a cabo: el de una madre que debe hacer que sus hijos aprovechen su experiencia, especialmente cuando éstos reinan o están a punto de reinar.»

A la reina Federica le preocupaba mucho la situación de su hija Sofía y de su yerno Juan Carlos, en expectación de un destino que no sólo dependía de la voluntad de un viejo general que ni se decidía ni se moría, sino también de la de un hombre, el conde de Barcelona, que se negaba a renunciar a sus derechos dinásticos en la persona de su hijo.

De su hija decía: «Sofía será una gran Reina.» De su yerno: «Don Juan debe ceder sus derechos a Juan Carlos.»

Mientras ella fue Reina reinante de Grecia dejó sentir todo su peso. Hay quien dice que incluso mandaba más que el rey Pablo, un hombre sensible y bondadoso como el que más. Y muy religioso.

Si leemos con detenimiento sus *Memorias,* editadas en 1971, advertimos que muchos temas de la política exterior era ella y no el Rey quien los abordaba, enviando, por ejemplo, cartas personales al general Marshall a propósito de la reconstrucción europea y la ayuda militar; estas cartas están fechadas el 5 de abril, el 12 de julio y el 12 de agosto de 1948, el 29 de enero y el 29 de agosto de 1949 y el 26 de junio de 1952. También le escribió a Churchill, a propósito del problema de Chipre, el 4 de marzo de 1954.

Con respecto al primero, justificaba la correspondencia diciéndole: «A mi marido le gustaría hacer saber a Vd...» Aunque es ella quien lo hacía. Y a Sir Winston Churchill le escribía: «Mi marido se une a mí para enviarle a usted mis mejores saludos», pero es ella quien abordaba el espinoso tema chipriota.

Posiblemente valía para ello, aunque, como reconoce en las ya mencionadas *Memorias:*

> «Llegó el momento en que las voces malignas irrumpieron ruidosamente en nuestras vidas. Yo fui acusada de ambicionar el poder político y de dominar a mi familia.»

Pienso que tanto a la reina Federica como posteriormente a su hijo Constantino, cuando accedió al trono, les obsesionaba el comunismo y temían que rebrotara el tema de los partisanos. Ella pensaba que con su actuación impediría que los comunistas pudieran hacerse con el poder. «El comunismo, que se nutre de la pobreza y de la desgracia, tenía que considerar cuanto hacíamos por superarla como una espina clavada en su carne», escribió.

No hubo que esperar al golpe de los coroneles para que países tan democráticos como Inglaterra, por ejemplo, le hicieran sentir en sus propias carnes el rechazo a «su» política.

«Con motivo de la boda de la princesa Alejandra de Kent, viajé a Londres en compañía de mi hija Irene, hospedándonos en el hotel Claridge. Un día decidimos salir a dar un paseo y realizar algunas compras. Y lo hicimos andando. De repente, una mujer inglesa, esposa de un comunista griego encarcelado, se abalanzó contra mí y me zarandeó sin que mi escolta pudiera evitarlo, aunque lograron posteriormente reducirla. Pero, en ese momento, aparecieron por todas las esquinas hombres armados de palos que, tras liberar a mi agresora y apalear a los policías, comenzaron a correr tras nosotras que, desconociendo la zona, nos metimos en una calle sin salida. Angustiadas, comenzamos a llamar a las puertas hasta que una de ellas se abrió y nos franqueó la entrada pudiéndonos refugiar.»

La muerte del buen rey Pablo, el 6 de marzo de 1964, no sólo privó a Federica del ser que más amaba sino del poder que había tenido, aunque no me cabe la menor duda de que para ella fue mucho más dramático el fallecimiento de su marido por la pérdida que ello suponía en su vida, hasta el extremo de confesar:

«Durante la última enfermedad de Palo, yo también me sentí enferma. El deseo de estar con él me mantenía junto a su cama. Inconscientemente esperaba abandonar este mundo antes de verle partir.»

El relato que de la agonía de su esposo hace la reina Federica constituye una de las páginas más dramáticas y bellas de sus *Memorias,* ya que la muerte del rey Pablo fue un testimonio de amor hacia su esposa y de aceptación de la voluntad de Dios. «Cuando hayas encontrado el camino al otro lado, no querrás seguir luchando en éste. Anda, ven, vámonos», le dijo a Federica poco antes de morir. «Hemos terminado lo que teníamos que hacer aquí. No nos llevemos el mundo con nosotros. Siempre estaremos juntos tú y yo.»

El día 11 de abril de 1967, Federica, convertida ya en Reina madre, tanto de su hijo el rey Constantino como de sus hijas Irene y Sofía, cumplió cincuenta años, una edad en la que conservaba toda su espléndida belleza, aunque la muerte de su esposo la había transformado en una jovencísima pero entristecida viuda de cuarenta y siete años y en una ex Reina apartada de la actividad política que tanto le apasionaba.

Como los cincuenta suelen ser una edad emblemática, Sofía, entonces princesa de España, viajó hasta Atenas para pasar el día junto a su madre, que vivía recluida y casi aislada en el palacio de Pyschico sin más compañía que su otra hija, Irene. Dicen que incluso le habían cortado el teléfono. Y que ni la dejaban moverse.

Y aquel día, precisamente aquel día de su cumpleaños, tuvo lugar el golpe de los coroneles. «Del tema de Grecia, tanto del golpe como de la acción posterior, tuvimos información "presencial", pues la princesa estaba en Atenas el día de la sublevación... La primera comunicación la tuvimos a través de la Embajada de los Estados Unidos», reconoce el ex general Armada [2].

Rota su vida, sin patria, sin corona, sin poder, enfrentada a su hijo en aquellos primeros momentos de exilio tras el tristísimo período de cohabitación con los golpistas y la abolición de la monarquía en 1973, la reina Federica deja sus hijos a su destino y se va a la India para seguir en la Universidad de Madrás unos cursos dirigidos por el profesor Mahadevan.

Sobre la estancia de Federica en la India se ha especulado mucho, y en ocasiones no sólo tergiversadamente sino con cierta carga de difamación, atribuyéndole una extraña amistad con el profesor Mahadevan. Yo, que he estado en tres ocasiones en la India y he visitado en dos de ellas Madrás, acompañando a don Juan Carlos y a doña Sofía en viaje oficial, he podido comprobar la falsedad de tales difamaciones.

---

[2] Alfonso Armada, *op. cit.*

La reina Federica siempre se había interesado por el estudio del hinduismo y el budismo, con su mensaje de Nirvana, y por la meditación, que no sólo se practica en los monasterios de la Iglesia ortodoxa, sino también entre los monjes hindúes y budistas, ya que, según dice ella misma: «La esencia de la religión es la misma en todas partes siempre que esté cimentada sobre la verdad.»

El interés de Federica por estos temas era antiguo, y el propio rey Pablo había invitado a Atenas al profesor Mahadevan, una autoridad en la filosofía de los *Vedas.* De ahí la amistad con la Familia Real griega.

Durante los años que la ex soberana helena permaneció en Madrás junto a su hija Irene, que era secretaria del profesor, la mujer de hierro se transformó en una intelectual dedicada apasionadamente al estudio comparado de la teología de los santos padres ortodoxos con la filosofía de los *Vedas.* Estos estudios le aportaron conocimientos para «comprender mejor por qué el reino de los cielos está entre nosotros, porque, después de haber pasado muchos años de lucha a lo largo del duro sendero hacia la verdad y la paz interior, creo haberlas alcanzado por lo menos en parte y deseo compartirlas con los que todavía están luchando para encontrarlas».

Y buscando la verdad y la paz, después de una crisis, a los dos meses de convertirse en reina de España (o en la esposa del Rey, como le gusta más a don Juan Carlos que se diga, aunque para mí es simplemente la Reina, doña Sofía), esta mujer herida abandona a su esposo el Rey y, con sus tres hijos, vuela hacia Madrás, donde se refugia en los brazos de su madre, como aquella niña que disfrutaba con las fotos en las que Federica estaba de frente, «porque aquí mamá mira a Sofía».

Y no cabe duda de que en aquel mes de enero Sofía necesitaba no sólo de la mirada de su madre, sino de su ayuda y de sus consejos para restañar la herida que le habían infligido.

Capítulo XVII

EL ULTIMO BESO A SU MADRE

Cuando la reina Federica, que el 18 de diciembre había perdido a su madre, la princesa Victoria Luisa de Prusia, hija única del káiser Guillermo II y abuela de Sofía, llegó a Madrid en la tarde del 1 de aquel fatídico mes de febrero de 1981, no solamente lo hacía como una abuela que deseaba estar junto a sus nietos mientras los papás realizaban un delicado viaje a una conflictiva zona de España llena de violencia. Ella pensaba que, si todo salía bien, aprovecharía su estancia en España para algo que desde hacía tiempo deseaba llevar a cabo: extirparse unos pequeños acúmulos de colesterina que tenía en los párpados de ambos ojos. Un gesto de simple coquetería femenina en quien todavía conservaba la belleza en la madurez de su vida. La operación era tan inofensiva que no requería siquiera la presencia de su hija, la reina Sofía, la cual, para descansar de la tensión y las emociones del viaje al País Vasco, decidió trasladarse, junto con el Rey y sus hijas, las infantas Elena y Cristina, a la estación invernal de Baqueira Beret para pasar el fin de semana. Cosa que hicieron en la mañana del día 6. El príncipe Felipe no pudo acompañarles a causa de un examen que tenía que preparar.

Después de haber despedido a sus hijos y nietos en el

aeropuerto de Barajas, donde Sofía recibió el que sería el último beso de su madre. La reina Federica se trasladó a las tres de la tarde a la clínica de la Paloma, en la calle Loma, número 1, próxima a la Ciudad Universitaria, en compañía del doctor Carlos Zurita, marido de la infanta Margarita y cuñado, por tanto, de los reyes de España. Allí ya la esperaban el doctor Vilar Sancho, que había de intervenirla, y el doctor Aguado, jefe de Reanimación del hospital de La Paz, que había de controlar la anestesia.

Eran las 4.15 de la tarde cuando la reina Federica entraba en el quirófano. Pocos minutos después comenzaba la intervención, una vez que el doctor Aguado Matorras la hubiera dormido por medio de una anestesia general controlada, procedimiento que ofrece todas las garantías. Fue la propia Reina quien quiso que se la durmiera. Y como todos los análisis que se le hicieron mostraron un estado clínico no sólo perfecto sino excelente, no hubo inconveniente. Es más, la Reina tenía una gran fe en la anestesia general controlada.

Presente en el quirófano durante todo el tiempo que duró la operación se encontraba el doctor Carlos Zurita, por quien la reina Federica, me consta, sentía un gran afecto. La intervención no ofrecía riesgo alguno, hasta tal extremo que el doctor Vilar Sancho declaró que tal riesgo es menos que el que se corre cuando uno va de su casa al trabajo.

Se trataba de extirparle lo que en la terminología médica se conoce como un santelasma, que no es otra cosa que una acumulación de colesterina que suele producirse en los párpados, tanto superiores como inferiores, y que se manifiesta en forma de manchas amarillentas un poco gruesas. La operación duró, exactamente, hora y media, ya que a las seis en punto de la tarde se le retiró la anestesia y la soberana volvió en sí con plena lucidez, hasta el extremo de que Federica salió del quirófano hablando y comentando la maravilla de la operación y lo bien que se sentía. Despertó, repito, absolutamente normal, con una orientación perfecta desde el principio, sabiendo dónde estaba y preguntando por su médico de cabecera, el doctor Zurita, con el cual estuvo hablando, como antes de la intervención. Se encontraba tan bien que incluso el cirujano consideró innecesario acompañarla a la habitación, puesto que con ella estaba su médico.

«Por ello, hay que desvincular totalmente una cosa de la otra», declaró en su día el doctor Vilar. Según él, «lo único fue la coincidencia en el tiempo y en el espacio y que el infarto se produjera antes de que saliera del postoperatorio».

Este es el gran problema del corazón: contra un infarto masivo no hay nada que hacer. La máquina se quedó parada y, a pesar de que se hicieron todos los esfuerzos posibles, se negó a marchar.

Habían transcurrido dos horas cuando esto se produjo. Eran las ocho de la noche y el doctor Zurita, que se encontraba en la habitación de la paciente, dormida con un sueño reposado y una respiración normal, oyó que ésta emitía un extraño ronquido que le alarmó, al tiempo que advertía que el corazón de la egregia enferma había sufrido un grave fallo. Tan grave que se trataba de un infarto masivo con parada cardiaca.

Inmediatamente se sometió a la Reina a todo tipo de reanimación, utilizando para ello los medios científicos que existían entonces bajo la dirección del doctor Aguado, quien, como hemos dicho, ostentaba el cargo de jefe de Reanimación del hospital La Paz. Lo primero que se hizo, fue un desesperado intento para recuperar las funciones del miocardio, que había sido afectado por el infarto. Pero, cuando esto no se consiguió y la función comenzó a ser mucho más precaria e incluso encefalográficamente comenzaron a manifestarse síntomas de insuficiencia, se procedió al masaje cardiaco externo y, a continuación, a una ventilación artificial, puesto que la clínica tenía preparado todo el material de entubación y ventilación artificial necesario para atender un caso como éste.

No sé exactamente lo que duró todo aquello. Posiblemente sería alrededor de dos horas o dos horas y media, hasta que se comprobó que no se había obtenido ningún resultado positivo, aunque, según declararon los médicos, ellos insistieron tanto porque tenían la esperanza de conseguir la recuperación de la paciente. No sé si pudo ser un triste consuelo, pero consuelo al fin, la certeza de que no sólo se había hecho todo lo científicamente posible en el momento crítico sino que había estado presente el doctor Zurita. De no haber sido así, siempre le habría quedado a doña Sofía la tristeza de saber que nadie estuvo con su madre en esos momentos, de que nadie se hubiese apercibido de qué le estaba pasando hasta que se la hubieran encontrado muerta.

No hay duda de que, durante aquel tiempo, se intentó titánica y desesperadamente salvar la vida de la soberana. Pero todo esfuerzo médico y hasta humano resultó inútil, ya que a las once y media de la noche la reina Federica Luisa de Brunswick, de sesenta y tres años de edad, dejaba de existir oficialmente (aunque había fallecido mucho antes) en el palacio de La Zarzuela, adonde había sido trasladada cuando se llegó a la fatídica conclusión de que el infarto era irreversible y su muerte, por tanto, inevitable.

A mí me informaron en su día de que la Reina había muerto en los primeros momentos, ya que el miocardio sólo respondió muy escasamente a los primeros masajes cardiacos. Cuando se tuvo conciencia, por parte de los médicos, de que sólo un milagro podía salvarla, el doctor Carlos Zurita telefoneó al general Sabino Fernández Campo, que se había quedado en Madrid. La sorpresa del entonces secretario general de la Casa de Su Majestad fue muy grande, ya que, al igual que toda la Familia Real, incluida la reina Sofía, ignoraba que la reina Federica iba a someterse a una intervención quirúrgica horas después de haberla visto en el aeropuerto, donde también él había acudido a despedir a los Reyes.

Inmediatamente se trasladó a la clínica de La Paloma, donde se encontró con el dramático cuadro que hemos descrito. Poco después, el doctor Zurita telefoneaba a Baqueira Beret.

Son las nueve de la noche. A esa hora, los Reyes tienen

prevista una cena en un restaurante de la zona, cena a la que han invitado al gobernador militar de Lérida y antiguo secretario general de la Casa de Su Majestad, general Alfonso Armada, que acude puntual a la cita. Allí se encuentran ya, esperando a don Juan Carlos y doña Sofía, uno de los ayudantes de jornada del Rey, el comandante Sintes, así como varios miembros del servicio de seguridad.

Pero pasan los minutos y los Reyes no llegan. Lo cual no tiene nada de extraño, ya que la puntualidad no es, precisamente, una de las cortesías de nuestro Rey (esta falta de puntualidad se le ha achacado a él, pero es la Reina quien parece ser la culpable, como explicaremos más adelante en otro capítulo).

De repente, se recibe una llamada telefónica de Pleta de Baqueira, la residencia de los Reyes, en la que se pide la anulación de la cena y se ruega a Armada y a sus acompañantes que suban a la casa. Allí está el Rey, que les informa de la noticia recibida de Madrid sobre la extrema gravedad de la reina Federica. El general Armada ha confesado que él tuvo la impresión de que en esos momentos la Reina había fallecido ya, pero el hecho se quería ocultar de momento a su hija, la reina Sofía.

Como es lógico y natural, se organizó inmediatamente el dispositivo para que doña Sofía viajara a Madrid. Sorprendentemente, el Rey decidió no hacerlo hasta el día siguiente, a las nueve de la mañana, decisión que no deja de extrañar. Cuando doña Sofía abandonó Baqueira en helicóptero, en compañía de las infantas (Armada se ofreció para acompañarla), ella aún ignoraba que su madre hubiese muerto ya. ¿Por qué el Rey no quiso viajar con ella, sabiendo como sabe que la seguridad no impide que viajen juntos siempre que el príncipe Felipe no lo haga? ¿Quiso evitarse el mal rato de ser él quien tuviera que informarle de la ya acaecida muerte de su madre? ¿Por qué esperó hasta el día siguiente para regresar a Madrid? ¿Por qué no quiso estar junto a ella en tan dramático momento y, sobre todo, en el de la llegada a La Zarzuela, donde iba a encontrarse con el cadáver de la reina Federica? Pienso que hubiera sido lo más natural. Y lo pienso, posiblemente, porque ignoro los motivos que impidieron al Rey hacerlo. ¡Uno ignora tantas cosas!

Lo que sí sé es que el general Sabino Fernández Campo, a petición del Rey, se trasladó, en el DC-9 de las Fuerzas Aéreas Españolas que habitualmente utiliza la Familia Real, a Zaragoza con dos importantes y delicadísimas misiones. La primera de ellas, la más dolorosa, era la de informar a la Reina de que su madre había muerto. La segunda consistía en acompañarla hasta Madrid y posteriormente al palacio de La Zarzuela, donde doña Sofía había de pasar por uno de los momentos más dramáticos y dolorosos de su vida: encontrarse, a solas, con su madre muerta.

Una vez a bordo y en pleno vuelo, la Reina pidió que se apagaran las luces del interior del avión para que nadie la viera llorar. Sin embargo, quienes la acompañaban la oyeron hacerlo en la oscuridad desconsoladamente durante todo el tiempo que duró el viaje, que difícilmente lo han podido olvidar.

Lo cierto es que Su Majestad llegaba al día siguiente, hacia las once de la mañana, al palacio de La Zarzuela —habiendo sido despedido por el general Armada—, mientras el ex rey Constantino de Grecia, que se encontraba en Londres cuando recibió la noticia de la muerte de su madre, lo había hecho en compañía de su esposa y de sus hijos a las tres de la madrugada, alquilando un vuelo charter. La princesa Irene lo haría al día siguiente. No pudo hacerlo antes, puesto que la noticia de la muerte de su madre la recibió en Madrás, donde residía, y las facilidades para viajar desde la India a Europa no eran todo lo fluidas que ella hubiese deseado.

La capilla ardiente con los restos mortales de la reina Federica fue instalada en la segunda planta del palacio de La Zarzuela, concretamente en el salón donde el Rey recibe las audiencias, y donde la ex soberana de Grecia permaneció nada menos que seis días, hasta el 12 de febrero. ¿Por qué tanto tiempo?, se preguntará el lector.

Capítulo XVIII

DESDE EL AMANECER AL ANOCHECER

Hasta donde he podido, he reconstruido la historia de aquellos dramáticos días durante los cuales se prolongó innecesariamente el drama, en espera de decidirse lo que debía hacerse con el cadáver de la Reina, cuya voluntad y la de sus hijos era la de que se la enterrara junto a su muy amadísimo esposo, el rey Pablo, en el cementerio real de Tatoi. Pero a esta voluntad se oponían la política, los resentimientos y la falta de generosidad y respeto al dolor de los dirigentes griegos (no olvidemos que la autorización dependía de Karamanlis, entonces Presidente de Grecia, un hombre omnipresente en la vida del país a lo largo de más de medio siglo). Muchos han sido los viajes que he realizado al país heleno, tantos como acontecimientos han tenido lugar allí en treinta años: el noviazgo, anuncio oficial del compromiso y boda de nuestros Reyes (1962), la muerte del rey Pablo (1964), la boda del rey Constantino (1964), el primer referéndum sobre la monarquía (1973), el segundo referéndum sobre la monarquía (1974) y la muerte de la reina Federica (1981). Todos estos acontecimientos, salvo la muerte del rey Pablo y la boda de Constantino, tuvieron lugar siendo Karamanlis primer ministro (de 1955 a 1963 y de 1967 a 1974) o Presidente (de

1980 a 1985). De todos es bien conocida la aversión que hacia la reina Federica muy en particular y por la Familia Real en general siente el anciano líder heleno, promotor del referéndum que en 1976 abolía, para siempre, la monarquía en Grecia, después de haber colaborado con ella durante muchísimos años.

La primera comunicación oficial de que la reina Federica había muerto la recibió en Atenas el entonces ministro de Asuntos Exteriores, señor Mitsotakis, un viejo monárquico que, telegráficamente, y a través de la Embajada de Grecia en Madrid, autorizó el lunes día 9 de febrero de 1981 la presencia de la Familia Real griega en Atenas durante tres días para que pudieran dar sepultura a su madre. Pero el martes, día 10, el embajador de Grecia en España, señor Sossidis, recibió otro telegrama que rectificaba el anterior y anunciaba nuevas instrucciones que no acababan de llegar.

Mientras tanto, en el palacio de La Zarzuela todas las tardes se celebraban oficios religiosos ortodoxos en memoria de la Reina, al que asistían familiares y amigos, entre ellos, el día 11, miércoles, el general Armada.

> «Después del oficio, el Rey nos hace pasar al salón para dar el pésame a la Familia Real. Sólo pasamos, fuera de la familia, los Mondéjar, Paquita y yo. Damos el pésame y hablo un rato con Su Majestad, que me dice tiene mucho interés en verme. El Rey, personalmente, me cita para el día 13, a las 10.30. Llama a Sabino para que lo apunte en el libro de visitas. Sabino se resiste un poco, pues ya está cubierto el cupo. El Rey insiste. Hay que retrasar a don Alfonso de Borbón, que tenía esa hora [1].»

En Atenas no acababan de decidirse. Un informante de toda credibilidad me ha dicho que ello se debió a las exigencias y condiciones que el rey Constantino impuso, hasta el extremo de que se le llegó a preguntar: «¿Quieren o no

[1] Alfonso Armada, *op. cit.*

quieren enterrarla aquí?» Pero no eran sólo las exigencias del soberano, si es que las hubo. Desde que el sábado día 7, pocas horas después de conocerse la muerte de la Reina, se supo que el Gobierno estaba dispuesto a permitir que fuera enterrada junto a su esposo, como era su deseo, la oposición, formada mayoritariamente por socialistas y comunistas, convirtió lo que sólo era una razón humanitaria en un problema político. «Es una provocación a las instituciones democráticas», decían, a pesar de que el Gobierno se esforzaba en presentar los funerales como un acontecimiento privado y familiar.

Mientras el cuerpo de la Reina seguía insepulto en un salón del palacio de La Zarzuela, en Atenas los ánimos se tensaban y el nombre de Federica volvía a ser puesto en la picota, a ser defendido y atacado por partidarios (los menos) y detractores (los más).

El presidente Karamanlis intentaba que todo se desarrollara sin problemas y en la mayor intimidad, pero la oposición ponía toda clase de obstáculos. Todo era un continuo avance y marcha atrás y un continuo desdecirse de los planes previstos en principio.

La solución llegó al quinto día, martes día 10, con un telegrama del ministro de Asuntos Exteriores que, escuetamente, decía: «Se autoriza a la Familia Real a viajar y permanecer en Atenas para dar sepultura a la ex reina Federica sólo desde el amanecer al anochecer del próximo día 12 de febrero de 1981.» Al leerlo, el embajador exclamó: «¡Qué bochorno!» Su indignación se debía a que en un telegrama anterior se autorizaba a la Familia Real helena a llegar al aeropuerto militar de Tatoi, no al civil de Atenas, para pernoctar en un hostal situado en los alrededores y realizar el entierro a primeras horas del día siguiente. También se redujo de quinientos a cincuenta el número de personas que la Familia Real podía invitar a los funerales de Federica y cuya lista había exigido el Gobierno. Por otro lado, se prohibió terminantemente el acceso de cualquier enviado de prensa, nacional o extranjera. El autor de este libro fue uno de los pocos que lo consiguió, convirtiéndose así en un testigo de excepción.

Para aprovechar al máximo el cicatero y miserable plazo dado por el Gobierno griego y no perder ni un solo minuto de tiempo concedido, se decidió salir de Madrid a las cuatro de la madrugada a fin de llegar a Atenas exactamente al amanecer. Luego resultaría que una huelga de controladores, creo recordar que en Italia, complicaría las cosas y retrasaría la llegada nada menos que hasta las 12.50 de la tarde.

Organizar la llegada de la fúnebre comitiva real —Karamanlis ofreció un avión comercial de la compañía aérea civil Olympic— no fue nada fácil, ya que, hasta en esto, los gobernantes helenos tuvieron que hilar muy fino. No había que olvidar que, independientemente de la familia directamente relacionada con la reina Federica, como era el rey Constantino y los suyos, también existía la presencia del Jefe de un Estado con el que Grecia mantenía buenas relaciones, presencia que el Gobierno griego no podía evitar: Su Majestad el rey Juan Carlos de España.

Mucho tuvo que cavilar el Gobierno griego para salir airoso de esta situación sin crear un problema grave por el hecho de conceder poca o ninguna atención a un Jefe de Estado que pisaba la capital ateniense. Y sin levantar iras de la oposición, que posiblemente podía haber hecho algo que no deseaba, como era implicar la presencia de las primeras autoridades de la nación en la acogida al rey de España en un acto en el que también se encontraba el exiliado rey Constantino.

El problema quedó resuelto de la siguiente manera: como la llegada del avión de la Olympic, en el que viajaba el cuerpo de la reina Federica y su familia (doña Sofía ese día quiso ser sólo la hija y no la reina de España y por ello viajó en el mismo avión que el cadáver de su madre) se produjo una hora antes que la del Mystère que transportaba al rey de España, se repartieron responsabilidades y honores en diversos grados. Así, mientras Constantino era recibido protocolariamente por el ministro de Asuntos Exteriores, Juan Carlos lo era por el primer ministro Rallis, que no llegó al aeropuerto militar hasta que toda la Familia Real se hubo marchado a Tatoi. Sólo entonces hizo su aparición en la pista una compañía de Aviación con banda y música que rindió los honores al Jefe del Estado español, el cual pasó revista a las tropas y escuchó los himnos nacionales de los dos países.

La Atenas que Constantino se encontraba ese día había sido escenario la noche anterior y aquella misma mañana de manifestaciones contra su presencia, mientras que un millar de monárquicos, imbuidos de nostalgia, atravesaban los montes y rompían los cordones de seguridad de la Policía para estar presentes en el entierro de la reina Federica y vitorear al depuesto Rey con gritos de «¡Constantino, quédate con nosotros!».

Todos estos problemas se encontró el rey Constantino cuando levantó su rostro de la tierra que había besado, ofreciendo un aspecto demacrado, de profundas ojeras, al tiempo que se persignaba. Tras él descendió del avión, bautizado con el nombre de *Protecos,* su esposa la reina Ana María, seguida de sus hijos, los príncipes Pablo (que llevaba en su mano la bandera que habría de cubrir el féretro con los restos de su abuela), Alexia y Constantino. Inmediatamente después apareció la reina Sofía, con el rostro cubierto por una «pena», igual que la que cubría el de su hermana, la princesa Irene. Por último, el príncipe Felipe, con sus hermanas Elena y Cristina, así como la princesa Katherina, hermana del rey Pablo.

Una vez en la pista, todos se dispusieron a presenciar la salida del féretro de la reina Federica de la bodega del avión. En ese momento, dramático momento, la emoción hizo presa en todos los presentes. Yo pude ver cómo la reina Sofía, la más afectada de todas, intentaba contener su llanto sin conseguirlo mientras su hija Elena le cogía su mano cariñosamente en un estremecedor gesto de consuelo. A continuación, el rey Constantino envolvió amorosamente el féretro de su madre con la bandera de la Casa Real griega, que era la misma que había cubierto al rey Pablo en 1964. Y así fue introducida en el furgón.

Todos los coches de la comitiva llevaban el banderín

plegado y cubierto, sin ningún signo externo que pudiese significar una ostentación oficial.

En aquella misma mañana, horas antes de la llegada del cadáver de la reina Federica y la comitiva familiar, habían desembarcado en el aeropuerto de Tatoi el príncipe Alberto de Lieja y su sobrina, María Astrid, hija de los grandes duques de Luxemburgo; la reina Juliana de Holanda; el príncipe Felipe de Edimburgo, con una caja que contenía la corona de laurel que su esposa la reina Isabel enviaba a la reina Federica; el príncipe Henrik de Dinamarca; los príncipes soberanos de Liechtenstein, y un grupo de cincuenta personas compuesto de familiares y amigos íntimos de los reyes griegos y españoles.

Tatoi, entonces propiedad privada de la Familia Real griega, había sido adquirida en 1872 por el rey Jorge I, que la convirtió en pabellón de caza. El rey Pablo, marido de la reina Federica y padre de Constantino, que amaba la naturaleza profundamente, lo transformó en una granja y residencia de verano. Más tarde, el palacio, que se encuentra situado a unos cuarenta kilómetros de Atenas, quedó convertido en residencia privada de Constantino y Ana María.

Junto al palacio, cerrado desde que la Familia Real marchó al exilio, sobre una colina situada a un kilómetro de distancia se encuentra el pequeño cementerio o panteón real, donde reposan, entre centenarios pinos y cipreses, los reyes de Grecia, desde Jorge I hasta el rey Pablo. La víspera del sepelio, eludiendo a la rígida vigilancia policial y militar y haciéndome pasar por lo que no soy, pude visitar este lugar y llegar incluso hasta la propia tumba del rey Pablo, situada en una pequeña loma que él mismo había elegido para reposar después de su muerte. Mi sorpresa fue grande al ver con mis propios ojos no sólo el lugar reservado por el propio Pablo para su esposa, la reina Federica, junto a él, sino el féretro que contenía los restos mortales del padre de Sofía, que, al ser levantada la losa para preparar el enterramiento de la reina Federica, había quedado al descubierto, pudiéndose ver a dos metros de profundidad el arcón deteriorado por el paso de los años. Al lado, sin tabique de separación alguno, sería colocado a las tres y media de la tarde el féretro de su amadísima esposa, cumpliéndose así su deseo de ser enterrada junto a él, decisión que el Gobierno griego quiso respetar por encima de todo y a pesar de todo.

Esta sencilla y emotiva ceremonia, que habría de desarrollarse, según lo previsto, en la más estricta intimidad, se convirtió en una manifestación mitad política mitad nostálgica, al ser invadido el panteón por los partidarios de Constantino, que lo arrollaron todo, aunque respetando la situación y el dolor de la familia, a la que pudo verse unida como una piña en la tristeza, arrodillados ante la sepultura de Pablo y Federica.

Nunca podré olvidar la imagen de la reina Sofía, arrodillada al borde de la tumba de sus padres, presa de un intenso llanto que ni la «pena» o velo que cubría su rostro impedía contemplar. En todo momento permaneció junto a su hijo, el príncipe Felipe, mientras que el rey don Juan Carlos, de pie y en segunda fila, contemplaba el dramático momento con el rostro visiblemente entristecido. Una vez que se hubo introducido el féretro de la Reina en el panteón, el rey Constantino fue ofreciendo pétalos de rosa a los familiares que quisieran arrojarlos sobre la caja. En aquellos momentos, el posible encanto de la rica ceremonia ortodoxa representó todo el dolor de unos hijos y unos nietos que lloraban la pérdida de una madre y una abuela.

Seguidamente, todos los presentes fueron acercándose a la tumba, todavía abierta, para arrojar también pétalos de flores, al igual que lo habían hecho los familiares. Con este gesto hacia la que fuera reina de Grecia terminó la ceremonia. Luego, los partidarios de Constantino darían rienda suelta a sus sentimientos monárquicos, aclamando al soberano, que, rodeado de sus exaltados partidarios, se vio obligado a subirse con su mujer y sus hijos al capó de un coche, improvisada tribuna desde la que dirigió unas palabras agradeciendo la presencia de sus seguidores.

En principio estaba previsto que la Familia Real y sus acompañantes se dirigieran a un pequeño albergue, situado en los alrededores de Tatoi, para tomar un refrigerio; éste había sido el lugar donde hubieran pasado la noche en el caso de que el Gobierno se lo hubiese autorizado. Pero, dado que, por un lado, el tiempo se les había echado encima —sólo se les permitía la permanencia en suelo griego hasta las cinco de la tarde— y que, por otro, el Gobierno había impuesto rígidos condicionamientos, la Familia Real prefirió no prolongar más su estancia en Tatoi y decidió abandonar cuanto antes Grecia. Sólo se permitieron una dolorosa concesión, que representaba toda una entrañable vuelta atrás en su pasado: visitar durante unos minutos lo que había sido su hogar en Tatoi, el palacio cerrado y abandonado desde el que salieron de Grecia para un viaje cuyo único retorno, en el caso de la reina Sofía, fue esta momentánea y triste visita, que supuso el más doloroso adiós a sus raíces perdidas.

Capítulo XIX

ASI ES ELLA

Hasta ahora, el lector puede llegar a la conclusión de que esta historia tan especial de doña Sofía es, o bien un relato subjetivo inspirado por la admiración y la simpatía, en el que parece que sólo se desea destacar los méritos y las virtudes de la Reina, que no sus defectos, o bien una biografía más bien institucional al estilo de las ya existentes en el mercado editorial y en la que puede parecer que las fuentes consultadas son únicamente de amigos y partidarios y, en todo caso, oficiales u oficiosas.

Tengo que confesar que este libro ha sido escrito desde la independencia más absoluta con el material de mi propio archivo y la reflexión sobre lo que de la Reina han escrito plumas autorizadas no sólo por su categoría profesional y conocimientos sino también por su relación con ella en circunstancias muy especiales.

Este capítulo intenta reflejar la personalidad de doña Sofía a través de actuaciones muy personales de carácter oficial unas y privadas y familiares otras.

En todas y cada una de las actuaciones que vamos a recoger en estas páginas se llega a la conclusión, o al menos así le parece al autor, de que doña Sofía no se ha contentado tan sólo con ser exclusivamente la esposa del Rey, amén de madre amantísima y mujer, con sus defectos y virtudes, sino también la reina de España y, en todo caso, como ya he dicho anteriormente, nada más y nada menos que la Reina. En algunos casos he llegado a considerarla incluso como reina regente, calificativo exagerado por lo impropio y sólo fruto de una desmedida admiración ante alguno de sus comportamientos. ¡No se me enfade, Majestad!

Resulta curioso saber que doña Sofía es la única reina de todas las que España ha tenido a lo largo de la edad contemporánea que ocupa el trono no sólo a la edad que actualmente tiene sino incluso con muchos menos años.

Si repasamos la historia de nuestro país nos encontramos con que Isabel, la segunda esposa de Fernando VII, falleció a la edad de veinticuatro años, tras dos de matrimonio.

María Josefa Amalia de Sajonia, la tercera esposa de Fernando VII, murió a los veintiséis, después de haber sido durante diez años esposa del Rey.

María Cristina de Borbón, la cuarta, quedó viuda cuando tenía veintisiete años, convirtiéndose en regente.

Isabel II dejó de ser reina a los treinta y siete, después de haberlo sido durante treinta y cinco, y murió a los setenta y uno.

María de las Mercedes, primera esposa de Alfonso XII, fallecería a la temprana edad de diecinueve años.

María Cristina, aunque falleció a los setenta y uno, como Isabel II, sólo fue reina hasta los veintisiete, convirtiéndose en reina regente a la muerte de su esposo Alfonso XII.

Por último, Victoria Eugenia, la más directa antecesora de Sofía, fue reina veinticinco años. Pero, cuando apenas había cumplido los cuarenta y cuatro, marchó al exilio, donde falleció a los ochenta y uno.

Ante este panorama, sólo cabe exclamar: ¡Dios salve a la Reina! ¡Larga vida a Su Majestad! ¡Que Dios la guarde muchos años!

Ignoro si a ella le ocurre lo que al actor Laurence Olivier, que, según confesó, necesitaba varias horas por la noche para desembarazarse de Hamlet. ¿Cuántas necesita doña Sofía para desearle las buenas noches a la reina de España? Pienso que ninguna, porque su profesionalidad, reconocida públicamente por su esposo, el rey Juan Carlos, está adherida a su cuerpo y a su alma como una segunda piel. Aun en la intimidad es incapaz de despojarse de su personalidad como reina. No porque así lo pretenda, sino porque forma parte de su propia vida en todas sus facetas. De una forma espontánea y natural.

Yo creo que es aún más espontánea que la propia Isabel de Inglaterra, considerada por la opinión pública como la reina de las reinas y la reina por excelencia. Doña Sofía suele ser tan natural que no tiene que recurrir a los trucos de Su Graciosa Majestad británica para, por ejemplo, soportar lo que se ha dado en llamar un besamanos y que no es otra cosa que la pesada, pesadísima carga, de estrechar centenares y, a veces, hasta millares de manos sin mostrar hastío ni cansancio. Mientras Isabel utiliza el recurso de extenderla fláccida y con el pulgar hacia la palma, lo que impide, a quien saluda, apretar demasiado, Sofía lo hace con naturalidad, estrechando con firmeza, en el más amplio y exacto sentido de la palabra, la mano que se le tiende. Quien la saluda queda convencido por ese aprentón de que ella ha correspondido al afecto y admiración de alguien que ha aguardado largo tiempo en una cola y se va con la idea de que ha merecido la pena.

No sé si físicamente está dotada para aguantar a pie firme esos besamanos sin descomponerse y sin necesidad de recurrir, como ha confesado la reina Isabel, a otro truco, el de «separar los pies, manteniéndolos bien paralelos, asegurándose de repartir el peso del cuerpo de igual modo sobre cada pie» (*La Corte de Buckingham*) [1]. Yo me he fijado en ello y no he advertido en doña Sofía tal cosa.

Dicen que, aunque no tiene el corazón de acero, difícilmente deja adivinar sus sentimientos. Pienso que ello ocurre, tan sólo, de puertas hacia afuera. Porque en su hogar,

---

[1] Bertrand Meyer, *op. cit.*

en La Zarzuela, los problemas de su vida, como le ocurre a cualquier mujer, sí que deben de afectar a la convivencia y a la estabilidad emocional, no sólo con su esposo, el Rey, y con sus hijos, sino incluso con sus más directos colaboradores y el servicio personal.

Sé, por testimonios de personas que han pertenecido a dicho servicio, que no es una «patrona» difícil y que se muestra bastante humana en sus relaciones con quienes trabajan con ella y con quienes la sirven. Posiblemente practica la regla de oro de la Familia Real británica: «¡Por amor de Dios, nunca delante del servicio!» Pero hoy, Loli, la hija de Mariano, el que fuera conserje de La Zarzuela, y de la señora Berenenda, que se convirtió en doncella de doña Sofía cuando sólo tenía dieciocho años, concretamente desde la boda con don Juan Carlos, ya no está a su servicio. Como tampoco Paulina Bermejo, la segunda doncella; ambas, después de realizar durante tantísimos años una delicada e íntima tarea, han preferido, ellas sabrán por qué, despedirse voluntariamente y pasar a trabajar en el Patrimonio Nacional, del que son funcionarias. Creo que lo hacen el el palacio de El Pardo.

Otro tanto le ha ocurrido a Fausto Sacristán, peluquero de la Reina durante quince años que, de la noche a la mañana, prefirió dejar tan envidiable puesto para instalarse por su cuenta y abrir una peluquería en el hotel Ritz de Madrid.

Todos ellos han sido ejemplo de eficacia, educación y discreción, prestando un gran servicio, desde sus modestos puestos, a la reina Sofía.

Por cierto, existe una divertida anécdota, protagonizada por el antecesor de Fausto, el peluquero Isaac Blanco, que fue el primero en ocuparse de la cabeza de doña Sofía cuando aún era princesa.

Aquellos eran otros tiempos, y muy diferente era La Zarzuela en la que habitaban los príncipes, pues carecía de la amplitud y comodidades de hoy día. Aún no se habían acometido las obras que la transformarían en el digno complejo que es hoy, obras que se decidieron, concretamente, el 14 de mayo de 1974. Aquel día, al saber doña Sofía que la obra de ampliación del palacete iba a durar año y medio, le dijo a don Juan Carlos: «Pero, ¿estaremos aún en España para entonces?» Posiblemente tal pregunta se debía a su sentido del humor, pero, a lo peor, también, reflejaba una cierta preocupación. Que aquel año y otros anteriores no eran precisamente para echar las campanas al vuelo ni sentirse cómodos ni seguros.

Pero, volviendo al «Fígaro» de turno, ocurrió que un día en que había alguna audiencia muy especial o algún invitado, creo que la reina Federica, se le rogó al señor Blanco que accediera al interior de La Zarzuela por la puerta de servicio y no por la principal, como hacía todos los días que se le llamaba. Aquello no debió de gustarle ni mucho ni poco ni nada, ya que se sintió humillado. Y así lo hizo saber. La entonces princesa Sofía, que supo del disgusto de su peluquero, en la primera oportunidad en que fue requerida su presencia en palacio ordenó que lo hiciera por la puerta principal y que incluso le encendieran todas las luces. Fue el último día. No volvieron a llamarle jamás. Entonces se contrató a Fausto Sacristán.

Sospecho que cuando comenzaron los problemas en la vida familiar los primeros afectados fueron aquellos que más íntimamente trataban con la Reina. ¿Fue decisión de doña Sofía el prescindir de ellos y contratar nuevo personal bajo otras condiciones? Yo sé que fueron ellos quienes prefirieron marcharse.

Quienes sí siguen desempeñando su función son el ayuda de cámara del Rey, el buenazo de Blas Leyva, ejemplo de impagable sacrificio y discreción, y su segundo, Jesús Gracia.

Y es que los primeros años y los segundos y hasta los terceros, como ya hemos dicho, no han debido de ser fáciles en La Zarzuela. Y a lo peor, ahora tampoco. Ni para don Juan Carlos ni para doña Sofía. Ni para nadie. Muchas son las tensiones que ahí se han vivido y se viven. De toda índole.

Porque doña Sofía, que es una cabeza política sin voluntad de poder pero omnipresente, aunque discreta, ha tenido siempre parte muy activa en todas las decisiones que se han tomado en La Zarzuela. En algunas, ella ha sido el auténtico motor, aunque nunca al estilo de su madre, la reina Federica, ya que jamás ha dicho o hecho nada censurable ni impopular. Muy al contrario.

Sorprende conocer que la Reina, sobre todo en la época en que era princesa y la pelota aún estaba en el tejado, no sólo compartía las preocupaciones propias de la situación sino que también aportaba sus puntos de vista en la toma de decisiones. Sobre tales decisiones, aunque sólo fueran del príncipe, o más tarde del Rey, ella también se sentía en la obligación de opinar y aportar su grano de arena, que, en muchos casos, fue decisivo. Hoy, esto puede parecer una intromisión, pero no hay que olvidar la soledad y el aislamiento en que se encontraba entonces don Juan Carlos en La Zarzuela, en espera de lo que le quisieran informar o pedir. Que así se las gastaban el General y su tropa.

Un ejemplo de lo que digo, por muy difícil e increíble que pueda parecer, lo tenemos en la muerte de Carrero Blanco, el 20 de diciembre de 1973. Fue doña Sofía la primera en dar la noticia al príncipe. ¿Verdad que resulta difícil de creer? Pero así fue.

Aquella mañana, la princesa, como venía haciendo todos los días, llevó a las infantas al colegio. Y, como solía hacer, mientras conducía llevaba puesta la radio del coche, casualmente en la frecuencia de la Policía. De repente oyó la noticia del atentado. Después de dejar a sus hijas en el colegio regresó rápidamente a La Zarzuela para comentar con su marido el terrible suceso. Pero, cuando entró en el despacho del príncipe, se encontró con que éste estaba reunido con el cardenal Jubany, que hacía días tenía concertada la audiencia. La sorpresa de doña Sofía fue grande al comprobar que nadie se había molestado en informar al príncipe. Fue ella quien le comunicó lo que acababa de oír. Y cuando lo estaba haciendo sonó el teléfono. Lo que le dijeron a don Juan Carlos ya lo sabía por... su esposa.

El 1 de noviembre de 1975, ante el avance de «la marcha verde» marroquí hacia El Aaiún, se reúnen en el despacho de don Juan Carlos, en el palacio de La Zarzuela, altos jefes militares que estudian con el príncipe la manera de afrontar el problema que amenaza a la guarnición española en el Sáhara. Doña Sofía también está presente en la reunión. Mejor dicho, entra cuando se está debatiendo qué hacer. Unos piensan que el príncipe, que es general desde que fue nombrado príncipe de España, tiene que viajar al Sáhara para compartir con el Ejército español allí destacado la inquietud y demostrar a los soldados que, aunque lejos de España, no están solos. Algunos de los presentes, como el marqués de Mondéjar, se oponen tajantemente. «Es un disparate, una barbaridad», dice. Otros están de acuerdo. Pero es la princesa Sofía la que, con una sola frase, pone a todos de acuerdo: «Los generales deben estar con sus tropas.» Y le pide a don Juan Carlos que se lo ofrezca como regalo, ya que el día 2 de noviembre, fecha fijada para el delicado viaje, es el de su cumpleaños.

Cuando el príncipe regresó, «la princesa lo recibió con un emocionado abrazo. Estaba eufórica», confiesa el general Armada en sus memorias.

Como se recordará, este gesto del viaje del príncipe hizo abortar la marcha verde, ya que el rey Hassan, en conversación telefónica con don Juan Carlos, le informó de que había dado órdenes de retirada.

¿Había o no motivos para esa euforia? ¿Tuvo o no razón la princesa en aconsejar tal viaje?

Pienso que la visión política de doña Sofía está fuera de toda duda, aunque a algunos les pueda parecer que se trata de una intromisión. Ella conocía el riesgo de tal viaje para su esposo, pero supo dónde tenía que estar quien había sido llamado a ser un día rey de todos los españoles. ¡*Chapeau,* Majestad!

Capítulo XX

NO QUIEREN SABER NADA DE NOSOTROS

Doña Sofía no sólo ha vivido y sufrido intensamente durante toda «la larga marcha hacia la monarquía», sino que ha aportado algo más, mucho más, diría yo, que su vida y su sufrimiento. Ella no fue nunca como su cuñada, la reina Ana María de Grecia, a quien sólo le daba por llorar cuando el reino se desmoronaba y la familia tenía que emprender el camino, siempre doloroso, del exilio.

Cierto es que se trataba de una muchacha de apenas veinte años, miembro de una Casa Real como la danesa, en la que la estabilidad, tanto familiar como política, ha sido siempre como una balsa de aceite. Dentro del marco constitucional, porque cada uno, el Rey y el Gobierno, se limitan a desempeñar su papel sin salirse de los límites democráticos que rigen en los países nórdicos.

Pero, de la noche a la mañana, esa jovencita llamada Ana María se convierte en miembro de una Familia Real que no sólo reina, sino que también quiere gobernar; en una ciudadana, adoptiva por su matrimonio, de un país del sur que había expulsado a diferentes reyes media docena de veces, y a los dos últimos al menos en dos ocasiones. Un país que acusaba a la Reina madre de ambicionar «el poder político» («Mientras a mí me gustaba tomar rápidas decisiones, Palo prefería tomarse su tiempo», reconoce Federica en sus memorias, ya citadas).

Por si fuera poco, la princesa danesa se convierte también en la jovencísima esposa de un rey inexperto (el peso de la corona le ha caído de golpe y porrazo) que no sólo no sabe estar en su sitio, sino que le falta autoridad para hacer que los demás, políticos y militares, lo estén.

Ante este complicado panorama, aquella joven reina que había venido del frío, pero también de la democracia, sólo sabía, en los momentos críticos y dramáticos, llorar, colgada del brazo de su marido.

Doña Sofía, que es hija de su madre pero que también ha aprendido de sus errores, es, por el contrario, una mujer segura y firme, dotada de visión política. Aunque, como ya hemos dicho, sin voluntad de poder, lo que la distingue de la reina Federica. No obstante, cuando tiene que opinar, ¡vaya si opina!

López Rodó recuerda que, mientras él y Carrero Blanco discutían, en vísperas de la designación de don Juan Carlos como heredero de Franco, el título que se le debía dar, excluyendo, por supuesto, el de príncipe de Asturias que le correspondía como hijo de su padre, la misma discusión se producía a bastante distancia de allí, concretamente en el despacho de La Zarzuela. En la reunión con el príncipe tomaban parte la princesa y el marqués de Mondéjar, como jefe de la Casa de Su Alteza Real que era.

En el despacho del vicepresidente, en la Castellana, el ministro López Rodó intentaba convencer a aquél de que propusiera a Franco, para su aprobación, el título de príncipe de España para el sucesor. En ese preciso momento, y casi «telepáticamente», reconoce el que fuera ministro del Plan de Desarrollo, la princesa doña Sofía razonaba con su esposo y el marqués sobre el mismo tema, argumentando que si la Casa Real griega se llamaba Casa de Grecia, ¿por qué no iban a llamarse ellos príncipes de España? Ante este ejemplo, uno no puede menos que preguntarse: ¿cabe la menor duda de lo bien amueblada que tiene la cabeza la Reina, políticamente hablando?

El propio Armada recuerda cómo ella participaba en la mayoría de las reuniones que en el despacho del príncipe se llevaban a cabo, no con personalidades ajenas a la Casa, que también, sino con los componentes más directos de Juan Carlos: «En aquellos largos despachos que terminaban a las diez de la noche, doña Sofía, que solía asistir, se quejaba de que eran muy largos y, sobre todo, muy tardíos.» [1]

Doña Sofía estaba tan implicada, no sólo como esposa sino también como princesa, que, con motivo de la designación de don Juan Carlos como heredero del General a título de Rey, en julio de 1969, toda la tensión que hubo de vivir le afectó tan profundamente que confesó haber perdido nada menos que... dos kilos de peso, dos kilos en un solo día, el 22, el de la jura ante las Cortes.

¿Ignoraba Sofía que con aquella designación, que parecía despejar de momento el camino hacia el trono, los problemas no sólo continuaban, sino que se acrecentaban, no tanto por la presencia del General en El Pardo sino por la camarilla que intentaba segar al príncipe la hierba bajo los pies? Hay que reconocer que el retiro de Franco, de haberse producido en ese momento, habría lesionado la figura de don Juan Carlos por la tutela y vigilancia a que el General y el Régimen le hubieran sometido. Pero quedarse como estaba, sin mojarse ni participar, tampoco era cómodo, sobre todo de cara al exterior.

Doña Sofía, mujer dotada de gran sensibilidad, lo advertía y sufría profundamente, como queda reflejado en una imprevista conversación que mantuvo, de manera informal, el día 25 de junio de 1975 con López Rodó. Cómo se encontraría de angustiada la princesa que al cruzarse ese día con el ministro en la carretera de acceso a La Zarzuela, donde éste acudía a despachar con el príncipe, detuvo su coche y se dirigió a López Rodó, que también había descendido del suyo, y tras saludarle con el afecto de siempre le confesó con preocupación: «¡Qué confuso está el mundo! Los reyes de Dinamarca no quieren saber nada de no-

[1] Alfonso Armada, *op. cit.*

sotros porque dicen que somos una dictadura y en cambio van a Rusia en viaje oficial. De otra parte, nos han recibido muy bien en un país socialista como es Finlandia.»

Muy angustiada debía de estar para desahogarse de tal manera, una actitud que rompe, aunque sólo sea por esta anécdota, esa norma de las reinas que reza: «¡Quejarse, jamás; explicarse, nunca!»

La princesa Sofía, posiblemente, no recordaba ese día que el Parlamento y el Gobierno de Dinamarca también habían prohibido, anteriormente, la presencia del ex rey Constantino en Copenhague con motivo de la boda de su cuñada, la actual reina Margarita, y desaconsejado la de su hermana, Ana María, ex reina de Grecia. ¿Cómo no iban a mantener los daneses parecida actitud con aquellos a quienes consideraban herederos del dictador?

La música clásica, sobre todo la barroca, es de gran ayuda para la princesa en los buenos momentos, pero sobre todo en los malos. En particular, ese día en el que se encontraba tan deprimida y se dirigía a un concierto de Rostropóvich, uno de los más grandes chelistas del mundo, después del español Pablo Casals, y gran director de orquesta. Es tal la admiración y amistad que profesa doña Sofía por el músico ruso que incluso ha llegado a interrumpir un viaje oficial en los Estados Unidos, concretamente en California, para asistir no ya a un concierto de Rostropóvich, sino a una lección magistral que daba en Madrid. Para que pudiera estar presente hubo que enviar a Los Angeles un avión a recogerla. El Rey continuó la visita programada sin su compañía.

Una de las grandes debilidades de la reina Sofía, música aparte, es su familia, o lo que queda de ella: sus hermanos Constantino e Irene. Esta última vive silenciosamente con ella en el palacio de La Zarzuela, donde tiene su propio apartamento, del que no sale para no molestar. Que así de discreta es ella.

Irene es como una hermana de la caridad, vegetariana como su hermana, pero impregnada de filosofía hindú y dedicada en cuerpo y alma a la utopía de «un mundo en armonía». Su preocupación es repoblar la India de vacas lecheras con las que poder atenuar el hambre de aquel país y otros de la zona a los que ha extendido su meritoria labor, que dirige desde un despachito en la calle Barquillo de Madrid cedido por el Banco Central Hispano. Entre sus colaboradores figuran el ex embajador en Filipinas Mike Stilianopoulos, marido de Pitita Ridruejo, y el señor Orfanides, ex diplomático griego, y su esposa.

La princesa Irene, por la que el rey Juan Carlos siente un gran cariño, hasta el extremo de hacer valer su influencia para ayudarla, es ante todo el sostén, el apoyo, el paño de lágrimas que tiene Sofía, junto con su prima Tatiana Radziwill, biznieta del rey Jorge I de Grecia, una prima hecha a la medida que siempre ha estado muy unida a la Reina, quien la eligió incluso como una de las damas de honor en su boda. Las otras fueron su hermana Irene, su cuñada Pilar, la princesa Irene de Holanda (que, junto con su marido, Carlos Hugo, conspiraría para conseguir el trono español), Ana de Francia (que en aquella boda conoció a Carlos de Borbón-Dos Sicilias, hoy su marido), Alejandra de Kent y Benedicta y Ana María de Dinamarca (que más tarde se convertiría en la reina de Grecia por su matrimonio con Constantino).

Con Tatiana se marchó la reina Sofía a los Andes bolivianos en vísperas del aniversario de su boda, el 14 de mayo de 1991, cuando el *verano horribilis* del Rey estaba a punto de estallar. Lo cual no dejó de sorprender. Sobre todo porque ese día del aniversario la prensa publicaba una fotografía en la que se veía a la Reina cabalgando a lomos de una mula por los senderos andinos en compañía de Tatiana mientras el Rey veía los toros desde una barrera, que es desde donde se ven muy bien.

Siempre ha sorprendido a propios y extraños, a españoles y a extranjeros, que doña Sofía no tenga lo que se ha dado en llamar damas de compañía, el equivalente a las antiguas «camareras» de la corte. Que ya las había formando cola cuando el 22 de noviembre de 1975 se convirtió en reina de España, o en mujer del Rey, o en Reina. Pero en la corte de los reyes de España, que no es tal, sólo hay dos «camareras»: Laurita Hurtado de Mendoza y Marisa Satrústegui, que actúan indistintamente como secretarias de la Reina y de las infantas, y un solo «gentilhombre» o ayuda de cámara, que se llama Blas Leyva. Por ello, es fácil de entender lo que la princesa Irene supone para Sofía, aunque a veces la saque de quicio y ambas tengan sus más y sus menos por *peccata minuta* como puede ser lo que La Zarzuela se gasta en la comida de los gatos y perros, por ejemplo. Posiblemente la buena de Irene piense que con ese dinero se podría dar de comer a muchos niños en la India, un planteamiento, por supuesto, muy simplista para alguien que ha dado a su vida una finalidad muy clara y definida: ser útil y ayudar a los demás.

Los perros siempre han sido los mejores amigos del hombre, y también de los Reyes. Fue a partir de los siglos XIV y XV cuando se pusieron de moda entre los soberanos europeos, no solamente los de caza, sino también los que se llamaban «perros de juguete». El rey Enrique III de Francia no se separaba nunca de sus tres *toy spaniels,* a los que muchas veces llevó en una pequeña cesta colgada de su cuello. Y un *toy spaniel* acompañó incluso a María, reina de Escocia, al cadalso, y tras su ejecución intentó defender su cadáver. Desde entonces, el perro ha sido una figura obligada en los retratos de los grandes pintores de la corte.

Hoy, en nuestro casi siglo XXI, los pintores han sido sustituidos por los reporteros y los retratos de corte por las fotografías. Sólo ha permanecido inalterable en el grupo de las familias reales la presencia del perro como el mejor amigo del rey. Y nuestros reyes no son una excepción. Nada menos que cuatro participaron en la sesión fotográfica *Un día en la vida de España.* Tres de ellos eran del Rey: *Olivia, Aramis* y *Arky,* los dos primeros de la raza *golden retriever,* a la que pertenecen casi todos los perros de don Juan Carlos, y el tercero pastor alemán. La Reina posó con *Wispy,* un simpático *lhasa apso* que siempre aparece en sus brazos.

Es tal el amor que los reyes don Juan Carlos y doña Sofía, al igual que sus hijos, sienten por los perros que en muchas ocasiones éstos se convierten en los protagonistas de las fotografías familiares, como suele ocurrir a las puertas del palacio de Marivent durante la audiencia real a los reporteros con motivo de las vacaciones mallorquinas. Durante una de estas sesiones, *Boby,* un *lhasa apso,* que regalaron a la Reina en Nueva York, se enzarzó con *Arky,* el pastor alemán de nueve años. Los Reyes se las vieron y se las desearon para separarlos. La pelea hizo las delicias de los fotógrafos mientras un tercer perro, el pequeño *Wispy,* de seis meses, contemplaba la escena.

La pasión del Rey por los *golden retriever,* de los que tiene varios ejemplares, le ha animado incluso a concursar en exhibiciones internacionales. En una de ellas, en Tel-Aviv, uno de sus perros, *Jay,* obtuvo nada menos que dos grandes premios.

No uno, ni diez, ni veinte son los perros que conviven con la Familia Real. Hay más de veinticinco. Pero, como suele ocurrir en todas las familias, cada miembro tiene los suyos. Tanto el Rey como la Reina y sus hijos cuidan y atienden personalmente a sus perros, aunque un cuidador (entrenador), José Luis Pando, los vigila y se encarga de todos ellos. Magníficas y modernas perreras han sido construidas bajo la dirección del señor Pando, dotadas de todas las comodidades y adelantos. Como a la Reina también le gustan los gatos, de los que posee varios ejemplares, también ha querido tener para ellos una pequeña instalación, dotada igualmente de las mismas comodidades.

Fácil es entender la «sensibilidad» de la princesa Irene en este tema de perros y gatos, que, como es natural, no siempre se llevan bien.

Otra de las grandes debilidades de la Reina es su hermano Constantino, a quien se ha sentido muy unido desde siempre. En la alegría y en la tristeza, en la riqueza y en la carencia de trono. En *Memoria breve de una vida pública,* don Manuel Fraga Iribarne, recordando su época de embajador, ha dejado constancia de las visitas que doña Sofía hizo a su hermano a Londres, donde vivía: cuatro veces en tan sólo un año, 1974: el 5 de enero, el 15 de junio, el 2 de septiembre y el 30 de octubre.

Cuando se produjo la caída de la monarquía griega, la princesa Sofía, llorando, pidió permiso para ir a Roma a dar un abrazo a su hermano. Se le permitió, pero exigiéndole que estuviera de vuelta al día siguiente para no faltar al desfile de la Victoria.

Por ello, no se entienden las críticas que sobre la presencia de Constantino y su familia en España hace determinada prensa. Y más cuando esas visitas se producen en épocas de vacaciones o en Navidad.

A propósito de este tema, yo publiqué en el desaparecido diario *El Independiente* el siguiente artículo, fechado el día 6 de septiembre de 1991, el año en el que se vieron las consecuencias del *verano horribilis,* con el título de «Hasta aquí podíamos llegar»:

> «Diversos medios informativos han destacado con cierto tufillo triunfalista que, gracias a las críticas de la prensa, las vacaciones de la Familia Real en Palma de Mallorca se han reducido este año a un círculo exclusivamente familiar. Tanto que el concepto familia se ha limitado, exclusivamente, al regio matrimonio. Sobre todo al final, ya que el príncipe y las infantas tuvieron que abandonar la isla para cumplir compromisos lejos de Marivent. A mí no me parecen ni bien ni mal las vacaciones en familia. Allá cada cual con su veraneo. Pero no me gustaría creer, y cierto tufillo sí que tiene el tema, que el veraneo real parece haberse programado, este año, en función de lo que la prensa dijo o pudiera decir. ¡Hasta ahí podíamos llegar!
>
> »Como periodista que soy, pienso que la prensa tiene un límite que no puede, en modo alguno, traspasar. Que intentar programar las vacaciones del Rey es una intromisión inaceptable. Que todo Dios tiene derecho a vivirlas de la forma que más guste y a compartirlas con familiares y amigos. Don Juan Carlos y doña Sofía no son una excepción.

»El que cierta prensa, especialmente crítica con los veraneos del Rey, se refiriera, el pasado año, a la familia de la reina Sofía con el peyorativo calificativo de “el clan de los griegos”, ¿ha podido ser motivo para que el rey Constantino no haya aparecido este año y que su esposa, la reina Ana María, lo haya hecho casi a hurtadillas, sin atreverse a aparecer junto a su cuñada en la cubierta del *Fortuna* como otros años...?

»...No es la primera vez que una injustificada intromisión en la parcela más íntima de doña Sofía le impide vivir determinados momentos, incluso algunos muy trascendentes, sin su familia.»

CAPÍTULO XXI

«ESTOY ENAMORADA DE MI HIJO»

Todo el amor que doña Sofía siente por los perros, los gatos y otros animales se convierte en aversión contra los toros, un espectáculo que supera su disciplinado comportamiento.

Este rechazo a las corridas intenta inculcarlo a su hijo el príncipe Felipe, como reconoce don Juan Carlos en su conversación con Vilallonga [1]: «...El príncipe no va a menudo a las corridas (pues sé que a veces va) probablemente para no disgustar a su madre.»

Yo pienso, y creo no equivocarme, que la ausencia de la Reina en los festejos taurinos se debe más a una coherente actitud ecológica de entender la vida que a un rechazo de la llamada fiesta nacional. Esta actitud negativa me ha recordado la opinión que sobre las corridas de toros tenía su antecesora, Victoria Eugenia (que no así doña María, la madre del Rey), cuya asistencia a las plazas de toros suponía un doloroso y difícil deber que le llenaba de horror. Durante la larga entrevista que mantuve con ella semanas antes de su muerte en Lausanne me recordaba la primera corrida a la que, obligatoriamente, tuvo que asistir,

[1] *Op. cit.*

ya que los organizadores, con una total falta de sensibilidad, la habían programado dentro de los festejos de su boda con el rey Alfonso XIII. Victoria Eugenia no tuvo siquiera la oportunidad de la delegación oficial británica, presidida por los príncipes de Gales, que se negó a asistir debido a la repugnancia que sienten los ingleses hacia las corridas de toros.

En aquella época, los festejos taurinos eran bastante más sangrientos que lo son hoy, sobre todo en lo referente a los caballos, que salían a la plaza totalmente desprotegidos frente al toro. La Reina, que había crecido y vivido entre caballos y sentía un intenso cariño hacia ellos, recordaba con espanto cómo un toro destrozó literalmente a dos caballos bajo el palco real que ocupaba junto al Rey.

La reina Victoria Eugenia, cuando se veía obligada a acudir a las plazas de toros, aplicaba la fórmula, el truco y el método de mirar sin ver, para estar presente y al mismo tiempo ausente sin que se pudiera advertir. La soberana sabía que mostrar su disgusto no era, precisamente, lo que tenía que hacer, aunque tampoco podía disimular, con forzadísima sonrisa que delataba su espantoso sentimiento, la íntima repugnancia que sentía ante lo que ella denominaba «holocausto sin emoción». Y como mujer inteligente que era, encontró una solución que me reveló personalmente en el transcurso de aquella inolvidable conversación de siete horas que mantuvo conmigo en su residencia de Lausanne. Esta solución, que yo aconsejo a doña Sofía, no fue otra que unas gafas especiales, totalmente negras, que le impedían ver lo que estaba ocurriendo en el ruedo. Los espectadores nunca lo supieron, «porque yo aplaudía cuando oía aplaudir al público».

Lo que los críticos taurinos ignoraban es que las reformas posteriores para mitigar el sufrimiento de los caballos de los picadores se debió, en gran parte, a la influencia de la antecesora de la reina Sofía, a la que intento comprender, aunque estoy de acuerdo con don Camilo cuando, a propósito de los enemigos de la fiesta nacional, escribe en *Nuevo viaje a la Alcarria* que «lo que se dice demasiada razón, no tiene nadie. A los antitaurinos que se las dan de muy europeos pero no son más que medio vegetarianos, tampoco les asiste la razón».

Y ya que hablamos de toros, donde la puntualidad inspiró incluso un gran poema a Federico García Lorca, «Las cinco en punto de la tarde», no puedo por menos que recordar la impuntualidad de nuestros reyes, tema que prometí, en páginas anteriores, abordar, como hago ahora. Cierto es que don Juan Carlos y doña Sofía no practican (algunas veces sí) esta cortesía real hasta los extremos de la reina Isabel de Inglaterra, que todavía recuerda, como muchos británicos, la última vez, y acaso la única, que llegó un tanto retrasada a una ceremonia: fue el 15 de noviembre de 1977.

Don Juan Carlos ha confesado a Vilallonga sobre el particular que «sin querer referirse al viejo tópico que dice que la puntualidad es cortesía de los reyes, yo hago lo que puedo, ya que si en algún sitio esperan al Rey a las doce y cuarto, el Rey debe estar allí a las doce y cuarto y no a las doce y veinticinco o doce treinta». ¡Si sólo fuese ese retraso!

Siempre se ha echado la culpa de estos retrasos reales a don Juan Carlos. Y no es cierto. Yo sé que la mayoría de las veces la Reina es la culpable, como es lógico, por la sencilla razón de que una mujer tarda mucho más en arreglarse que un hombre. Pero al Rey le molesta mucho esta «descortesía», hasta el extremo de ser motivo de muchos enfados. Teme tanto las demoras de la Reina que, en una ocasión, creo que con motivo de las bodas de oro de sus padres, los condes de Barcelona, don Juan Carlos le pidió a su esposa que, como la misa que iba a celebrarse con tal motivo estaba fijada para las doce, al menos por una vez fuera puntual. La Reina le escuchó, de buen o mal grado, que eso yo no lo sé, y a las once en punto se presentó ante el Rey, totalmente arreglada, al tiempo que con ese cáustico sentido del humor de que a veces hace gala le decía:

—Juanito, yo ya estoy.

—No me lo creo —fue la respuesta de don Juan Carlos.

Punto y aparte, merece atención conocer lo que el príncipe Felipe significa en la vida de su madre.

Con motivo de la entrega de los premios Príncipe de Asturias del año 1991, la Reina decidió acompañar a su hijo a Oviedo. Desde el palco de honor del teatro Campoamor siguió la ceremonia, en el transcurso de la cual se entregaron galardones a la actriz norteamericana Liz Taylor y a los líderes sudafricanos Nelson Mandela y el presidente Frederick de Klerk, entre otros.

Cuando vi aparecer a doña Sofía, en solitario, en el palco, llenándolo todo él con su sola presencia y siguiendo la ceremonia sin apartar un momento la mirada del príncipe Felipe, que la presidía desde el escenario, recuerdo que comenté: «Parece la Reina regente apoyando a su hijo y éste apoyándola a ella.»

Era tan sólo una impresión muy subjetiva, una licencia casi literaria que me permitía hacer recordando unas palabras de Antonio Escohotado cuando decía: «A lo largo de la historia, siempre se llega a la conclusión de que un descendiente vale más que un ascendiente. Hay un culto al mañana que había que equilibrar.» Y recuerda el escritor el libro de la Sagrada Familia y las relaciones entre José, María y Jesús.

De toda la Familia Real, la sagrada Familia Real española, es al príncipe Felipe a quien más ama la reina Sofía. No lo digo sólo yo. Que ya lo dijo doña Sofía durante la Olimpiada de Barcelona de 1992, cuando en compañía del señor Ferrer Salat, el presidente del Comité Olímpico Español, seguía la participación del príncipe en una de las pruebas olímpicas de vela en la que participaba. En un momento determinado, la Reina no se pudo contener y todo el amor y la admiración por su hijo la expresó, según el señor Ferrer Salat, que fue quien desveló tal confidencia, con estas palabras: «Yo estoy enamorada de mi hijo.»

Posiblemente, la Familia Real no es, en ese aspecto, muy diferente de cualquier familia española, en la que la madre suele amar mucho más al hijo varón, mientras que el padre muestra preferencia por la hija. Ejemplos de esta predilección de la Reina hay mil, amén de que las infantas parecen ser más independientes que su hermano, el príncipe, o al menos vivir con más independencia, que no es lo mismo aunque lo parezca.

El amor de doña Sofía por su hijo no es de ahora, ni de ayer, sino de siempre; Felipe ha sido su debilidad, como la del Rey lo es Elena. Y Cristina de los dos, supongo.

A mí me impresionó mucho la anécdota, o mejor, el hecho, suceso o acontecimineto que relata el ex general Alfonso Armada a propósito de la Reina y su hijo, suceso que demuestra hasta qué extremo doña Sofía sufre por todo aquello que afecta al príncipe en particular (por supuesto, también sufre por lo que les ocurre a sus hijas Elena y Cristina).

No hay que olvidar que doña Sofía es toda una gran profesional de lo suyo, una magnífica Reina, pero, sobre todo, es una madre ejemplar.

El hecho ocurrió en abril de 1974, siete años antes de la muerte de la reina Federica. No quiero ni pensar si este suceso o accidente protagonizado por el príncipe se hubiera producido después. La reacción de la Reina ante lo que ocurrió demuestra que ella no hubiera permitido que la intervención quirúrgica de su madre, que le costaría la vida, se hubiera realizado bajo anestesia total o generalizada. Esto fue motivo de uno de los pocos enfrentamientos conocidos que la Reina ha podido tener con el general Armada, aunque éste actuara, y en esto no cabe la menor duda ni para doña Sofía ni para nadie, con la mejor de las intenciones. Fue una decisión que tuvo que tomar en ausencia de los entonces príncipes de España, que se encontraban de visita oficial en Irán para asistir a los fastos de Persépolis con motivo del segundo milenario de la fundación del Imperio Persa, al que el autor de este libro asistió como enviado especial. La causa fue un pequeño accidente sufrido por el príncipe al pillarse el dedo meñique con una puerta, lo que le produjo una herida de tal calibre que puso en peligro la falange del dedo al quedar éste casi desprendido.

El cirujano Adra Cadarso decidió intervenir, y pensó que era mejor realizar la operación bajo anestesia total. Para ello, pidió la autorización pertinente. «En ausencia de sus padres, con los que no pude contactar telefónicamente, tuve que asumir la responsabilidad y autorizar la intervención a pesar de que los médicos me advirtieron del riesgo que conlleva una anestesia total», relata el ex secretario general de la Casa.

El príncipe fue internado en el hospital de la Cruz Roja de la avenida de la Reina Victoria, muy próximo a la clínica Nuestra Señora de Loreto, en la misma avenida, donde el príncipe Felipe había nacido seis años antes.

Armada, preocupado por el riesgo que suponía la intervención, habló con el general Franco, que, según recuerda, le contestó: «Ha hecho bien. No se debía esperar.»

Cuando doña Sofía fue al fin localizada e informada, se disgustó profundamente. No le pareció bien. Y cuando regresó, le manifestó a Armada su desacuerdo.

A lo largo de este libro ha quedado de manifiesto no sólo lo que une a nuestros Reyes, sino también lo que les separa, que no es poco. La cultura, en sus diferentes facetas literarias y musicales, puede ser una de ellas. En este terreno, como ha dicho alguien, doña Sofía no delega jamás sus poderes y deberes.

Lo que, desde luego, no comparten es la afición por el esoterismo, la arqueología y las obras de Juan José Benítez sobre los ovnis y sus «caballos de Troya», que apasionan a doña Sofía hasta tal extremo que es una asidua lectora de los libros del prolífico autor. Este no sólo siente una especial admiración hacia la Reina, sino que incluso ha estado enamorado de ella, «y lo sigo estando». Por pertenecer al área más íntima del citado autor, no reproduzco aquí los poemas que para la Reina ha escrito Benítez. Que doña Sofía también tiene sus incondicionales y sus enamorados, entre los que yo me encuentro.

La pasión por este tipo de temas relacionados con otros mundos, e incluso con el más allá, le llevó a realizar a la Reina, en colaboración con Juanjo Benítez, un sorprendente recorrido por la Pampa de Nazca en el transcurso de una visita oficial a Perú. En este viaje yo fui testigo del único conato de desfallecimiento que he podido ver en la Reina en los más de treinta años que la conozco y el centenar largo de viajes en los que la he acompañado. Sucedió durante la visita a las ruinas de Machu Picchu. Cuando ella ascendía por la ciudad camino del «Intihuatana» o «reloj solar» de los incas se detuvo de repente al tiempo que se sentaba a la sombra de una de las construcciones y se le oía decir con un hilo desmayado de voz: «Estoy agotada.»

Había sido víctima del llamado «mal de altura», al subir desde el nivel del mar a los 3.400 metros sin el tiempo suficiente para la debida aclimatación.

Con respecto a la excursión de Nazca, hay que reconocer que el programa de aquella visita oficial a Perú apenas dejaba tiempo libre que no fuera para dormir. A pesar de ello, Juanjo le organizó a la Reina la visita, con la colaboración de la alemana Maria Reiche, también conocida como «la bruja de la Pampa», una admirable mujer de setenta y cinco años que dedicó su vida de científica al estudio de las enigmáticas pistas, líneas y figuras del «valle del Ingenio», unas pistas y dibujos que, como es sabido, sólo pueden ser observadas desde el aire.

Y así, una madrugada, cuando el sol aún no había ni despuntado, en un avión Fokker 28 de las Fuerzas Aéreas Peruanas despegábamos de la base de Lima con rumbo a Nazca. En el citado avión y, acompañando a la Reina, viajaban también las señoras de Mondéjar y Oreja, el general Sabino Fernández Campo, Pilar Cernuda, Alberto Schommer, Juanjo Benítez y, por supuesto, la científica alemana.

A mí me sorprendió la emocionada curiosidad con que doña Sofía contemplaba las misteriosas «pistas», «el mono», «la araña», «el colibrí» y «las espirales» que, en opinión de la señora Reiche y de la propia Reina, constituyen el mayor calendario astronómico del mundo. «Pero, ¿cómo lo habrán podido hacer?», era la pregunta siempre a flor de los labios de doña Sofía.

Meses después, aquel grupo de periodistas que realizamos el extraño viaje fuera de programa, junto con Ramón Rato, le regalamos a la Reina una gigantesca piedra llena de extrañas inscripciones caligráficas que Juan José Benítez había encontrado en las llanuras de Nazca y que consiguió traer a España en un avión de Iberia. Desde el aeropuerto de Barajas la transportamos hasta el palacio de La Zarzuela. Con una placa en la que figuran nuestros nombres, debe conservarse en algún lugar de los jardines de la residencia de doña Sofía, ese lugar paradisiaco donde ella es feliz o desgraciada, según el devenir de los acontecimientos políticos y familiares que sacuden su vida como reina, como madre y como esposa.

¡Dios salve a la Reina!

INDICE ONOMASTICO